JN428564

가톨릭 교육자의 소명

NCEA *Catholic Educational Leadership* Monograph Series:
The Vocation of the Catholic Educator
by Richard M. Jacobs, O.S.A., Editor

Copyright © 1996 by The National Catholic Educational Association
All rights reserved.

Korean Translation Copyright © 2025 by THE CATHOLIC UNIVERSITY OF KOREA PRESS
Korean translation rights arranged with The National Catholic Educational Associatione
through rMaeng2 Agengy.

이 책의 한국어판 저작권은 rMaeng2 Agengy를 통한 The National Catholic Educational Associatione와
독점 계약한 가톨릭대학교출판부에 있습니다.
저작권법에 의하여 한국 내에서 보호를 받는 저작물이므로 무단 전재와 무단 복제를 금합니다.

NCEA 가톨릭 교육 리더십 단행본 시리즈
가톨릭 교육자의 소명

교 회 인 가 • 2024년 11월 28일
제1판 제1쇄 • 2025년 5월 30일

엮은이 • 리처드 M. 제이콥스
옮긴이 • 최준규 · 김홍주 · 박재신
펴낸이 • 최준규
펴낸곳 • 가톨릭대학교출판부
등 록 • 제300-1989-1호(1989년 1월 13일)
주 소 • 03083 서울시 종로구 창경궁로 296-12
전 화 • 02-740-9718
전 송 • 02-745-9793
전자우편 • cukpress@catholic.ac.kr
홈페이지 • http://press.catholic.ac.kr
인쇄제작 • 재영아트

한국어판 © 가톨릭대학교출판부, 2025

ISBN 978-89-7108-385-7 04230
ISBN 978-89-7108-384-0 04230 (세트)

값 16,000원

NCEA 가톨릭 교육 리더십
단행본 시리즈

The Vocation of the
Catholic Educator

가톨릭 교육자의 소명

리처드 M. 제이콥스 엮음
최준규·김홍주·박재신 옮김

가톨릭대학교출판부

목 차

/개/요/

NCEA 가톨릭 교육 리더십 단행본 시리즈:

가톨릭 교육 지도자를 위한 성찰적 안내서

• 교장의 중요성

교장직에 관한 연구는 교장이 학교 개선을 촉진하는 데 얼마나 중요한 역할을 하는지를 보여 줍니다(Griffiths, 1988; Murphy, 1993; Smylie, 1992). 학교에서 많은 일이 일어나는 장소는 교실입니다. 그래서 교육 개혁가들은 주로 교수-학습 맥락에 집중하지만, 학교의 성공 여부는 교사가 교실에서 맡은 일을 더 효과적으로 수행할 수 있도록 도와주는 교장의 통찰력에 크게 좌우되는 것으로 보입니다(Ackerman, Donaldson, & van der Bogert, 1996).

학교 교육을 개선하려는 노력에서 교장이 매우 두드러지게 보이는 것은 아마도 Getzels와 Guba(1957)가 거의 40년 동안 주장한 것처럼 교장의 역할 기대와 인성이 매우 강력하게 상호 작용하기 때문일 수 있습니다. 또한, 건축적 관점이나 심리적 관점에서 교장실이 중심적인 위치를 차지하기 때문에 이러한 효과가 나타날 수도 있습니다. 연구자들은 교장이 다른 어떤 역할이나 인물, 직책으로는 할 수 없는 방식으로 학교생활에 영향을 미치고 방향을 이끈다고 제안하지만(Beck & Murphy, 1992), 포스터(Foster, 1980a, 1980b)의 예리한 지적처럼, 연구자들 사이에는 이 사실을 뒷받침하는 조건에 대해 전혀 일치된 의견이 없습니다.

실제 이유가 무엇이든 교장은 다양한 구성원에게 학교의 근본적인 목적을 명확히 전달하는 중요한 역할을 맡고 있습니다. 가톨릭 학교의 경우, 교장은 학년도 개학 미사를 통해 "우리는 누구인가?" "우리는 어떤 존재가 되어야 하는가?" "우리는 어떤 방식으로 학교를 운영할 것인가?"에 대해 모두가 들을 수 있도록 선언하면서 이러한 목적을 분명히 밝힐 수 있습니다. 또한 교장은 학생들을 훈계하거나 교사들에게 전문적인 조언과 상담을 제공하면서 학교의 근본적인 목적을 반복할 수 있습니다. 비극이 발생했을 때(예를 들어, 교사의 죽음, 학생의 부모나 반려동물의 죽음, 또는 안타깝게도 오늘날 너무 자주 발생하고 있는 청소년의 폭력적이고 무의미한 죽음) 학교 공동체를 대표하여 위로의 말을 전해야 하는 것도 교장의 역할입니다. 이러한 상황과 여러 다른 경우에서 교장의 발언은 학교의 목적을 중심으로 행동과 사건에 더 깊은 의미를 부여할 수 있습니다.

예를 들어, 교장이 자신의 역할, 인성, 직책 같은 자원을 효과적으로 활용하여 다른 사람들이 학교의 목적을 공유하도록 이끌면, 교사와 학생은 학교의 목적을 달성하기 위해 자신의 노력을 기울일 수 있습니다. Vaill(1986)은 바로 이러한 노력의 시너지가 '고(高)성과 시스템'을 평범하거나 심지어 좋은 조직과 구별한다고 주장합니다. Vaill에 따르면, '목적 설정'은 조직의 근본적인 신념, 목표, 열망에 관한 구성원들의 명확한 이해와 합의를 이끌어 내는 일련의 리더십 활동입니다(p.91).

의심할 여지 없이, 많은 가톨릭 학교 교장들은 학교의 목적을 훌륭하고 명확하게 설정할 수 있습니다. 또한 이들은 학교 공동체의 일원이 되는 것이 무엇을 의미하는지를 능숙하게 관리합니다. 요컨대, 이 교장들은 다른 사람들이 자신의 이익을 학교의 목적과 일치시킬 수 있게 합니다.

• 학교의 가톨릭 정체성에 대한 위협

적어도 한 세기 동안, 남녀 수도자와 사제들은 학교의 가톨릭적 교육 목적 설정에 참여해 왔습니다. 그 결과 여러 세대에 걸쳐 교사와 학생들이 학교의 가톨릭적 목적을 실현하기 위해 노력했을 때, 커다란 만족감을 느끼고 놀라운 성취에 기여할 수 있었습니다. 많은 교사와 학생들에게 남녀 수도자와 사제들의 헌신은 가톨릭 학교의 정체성이 이들의 이타적인 헌신과 동일시할 정도로 감동을 주었습니다. 그리고 그것은 당연한 일입니다.

그러나 제2차 바티칸 공의회 이후 수십 년 동안 수도자와 사제의 수는 꾸준히 감소했습니다. 비록 가톨릭 학교의 전체 인원이 줄고 이에 따라 교사와 교장의 수 또한 전반적으로 감소했지만, 교회의 교육 사도직에 헌신하는 평신도의 비율은 눈에 띄게 증가했습니다. 이러한 추세는 일부 평신도들이 가톨릭 학교에서 교육자로 봉사하라는 하느님의 부르심에 아낌없이 응답하고 있음을 보여 주지만, 모든 변화에는 새로운 위협과 기회가 나타납니다.

가톨릭 학교에서 수도자와 사제들의 이탈이 가장 심

각한 문제는 아닙니다. 중요한 문제는 이들의 이탈로 인해 평신도들이 가톨릭 학교의 정체성을 보존하고 발전시키기 위해 어떻게 적절한 양성을 받을 것인가입니다. 평신도 교장들에게는 학교 공동체를 가톨릭 교육의 목적에 맞게 이끌기 위해 가톨릭 학교에 근무하는 수도자와 사제들을 위한 양성 프로그램의 필수 요소인 철학적·신학적·역사적 훈련이 필요합니다. 이전 세대의 젊은 수도자들이 받았던 양성은 좋든 나쁘든 가톨릭 교육의 목적에 대한 기본적인 이해를 제공했으며, 이는 가톨릭 학교에서 가르치고 관리할 때 의사 결정을 내리는 데 도움이 되었습니다. 이러한 양성 프로그램이 없다면, 아무리 좋은 의도를 가진 평신도 교장이라도 진정한 가톨릭 교육 목적을 설정하고 학교의 가톨릭 정체성을 증진하는 방법을 계획하기 어렵습니다.

그렇다면 평신도들은 가톨릭 학교에서 효과적으로 가르치고 관리하는 데 필요한 양성 훈련을 어떻게 받을 수 있을까요? 사실, 교사 훈련과 관리자 훈련은 이러한 프로그램을 제공하는 모든 대학에서 받을 수 있습니다. 일반적인 훈련에는 교육자가 실무 문제를 다루는 방법에 영향을 미치도록 설계된 다양한 과정, 현장 경험 및 인턴십이 포함됩니다. 대부분 지역에서 교사 훈련은 학생들이 교육학을 전공으로 선택하는 학부 시기에 시작합니다. 반면 관리자 훈련 프로그램은 대학원 수준에서 시작되며, 대부분 프로그램은 예비 관리자들이 실제 학교 행정에서 발생하는 다양한 상황들에 대해 더 깊고 복잡한 이해를 증진할 수 있을 만큼 충분한 교육 경험을 쌓았다는 것을 전제로 합니다. 전반적으로, 교사이든 관리자이든 모든 전문적 훈련의 목적은 졸업생이 자신의 역량을 유능하게 발휘할 수 있도록 기본적인 기술과 지식을 갖추게 하는 것입니다.

그러나 역량은 첫 번째 단계일 뿐입니다. 교육자가 학교 업무에서 해결해야 할 다른 중요한 문제들도 있지만, 그중 가장 중요한 것은 청소년을 교육하는 본질적인 목적입니다.

이러한 필요성을 인식한 관리자 준비도 변화하고 있습니다(Murphy, 1992; Prestine & Thurston, 1994). 현재 많은 프로그램은 학생들에게 교육적 '목적 설정'이라는 개념을 소개하며 Vaill(1986)이 설명한 것처럼, 학교장이 '핵심 사명에 집중하기' '공감대 형성하기' '공유 비전으로 협력하기'를 포함한다는 의식을 심어 주기 위해 노력하고 있습니다. 그러나 목적 설정은 단순한 응원이 아니라는 점을 기억해야 합니다. 대신, 목적 설정은 본질적인 목적에 대한 비전을 구체적인 활동으로 전환해야 합니다.

가톨릭 학교 교장들은 『가톨릭 학교 교육의 문법』(*The Grammar of Catholic Schooling*, Jacobs, 1995)에 담긴 가톨릭 학교의 목적에 내재된 추상적 가치를 실천으로 옮길 수 있는 자격을 갖추기 위해 어떤 훈련을 받아야 할까요?

• 교장과 가톨릭 교육 목적

가톨릭 학교의 도덕적·지적 목적을 실현하기 위해서는 교직원과 학생들이 가톨릭적인 삶의 비전을 수용하고 이를 실천하도록 이끌 수 있는 교장이 필요합니다. 그러나 이 요건은 가톨릭 교장이 가톨릭 교육 사도직의 핵심인 철학적·신학적 목적에 대한 훈련을 받았다는 것을 전제로 합니다.

수 세기에 걸친 교회의 경험을 통해 다듬어진 이 철학적·신학적 목적 중 일부는 오늘날의 관행에 도전하며 교육자들에게 교실과 학교에서 자기가 하는 일을 왜 하는지에 대해 성찰하도록 요구합니다. 또한 일부 가톨릭 교육의 목적은 학교의 교육과 행정에 대한 현재의 관념과 명백히 모순되기도 합니다. 가톨릭 교육 지도자들이 사도직으로 맡겨진 가톨릭 학교에서 리더십을 발휘하기 위해서는 가톨릭 교육철학과 신학이 현재의 교육 경향에 대해 단순히 비판하기보다는 왜 그리고 어떻게 다른 교육 방향을 지지하는지를 이해해야 합니다.

가톨릭 학교의 교장은 가톨릭 교육 사도직의 핵심인 철학적·신학적 목적 외에도 가톨릭 교육 역사, 특히 극적인 전개를 보여 주었던 미국의 가톨릭 교육 역사에 대해서도 정통할 필요가 있습니다. 학생들의 도덕적·지적 양성을 위한 미국 가톨릭 공동체의 장대한 투쟁은 오늘날 가톨릭 학교 교장들에게 가톨릭 학교의 교육자들이 학생들을 위해 해야 할 역할뿐만 아니라 가톨릭 학교의 문화와 정체성, 목적과 중요성에 대한 교훈을 제공합니다. 이는 미국의 경험과 대화하는 과정이라 할 수 있습니다. 이를 통해, 청소년 교육을 담당하는 가톨릭 공동체는 가톨릭 학교 교장들이 직면한 문제들을 더 넓은 역사적 맥락에서 이해할 수 있으며, 오늘날의 여러 문제가 과거 세대에서도 이미 다루어졌음을 알 수 있습니다. 또한, 가톨릭 교육의 역사에서 얻을 수 있는 교훈을 바탕으로 현재의 문제들을 해결할 수 있을 것입니다.

남녀 수도자와 성직자들이 가톨릭 학교 교육 환경을 지배하던 20세기 초, 학부모들은 교장들이 가톨릭 교육의 신학, 철학, 역사에 대해 충분히 알고 있을 것이라고 비교적 확신을 가졌습니다. 교장들 대부분은 이 분야에 관해 잘 알고 있었으며 가톨릭 교육 원칙에 충실한 교육 리더십을 발휘했습니다. 가장 중요한 점은 훈련이 그들에게 가톨릭 교육의 본질적 목적에 대한 배경지식을 제공했다는 것입니다. 그 결과 교장들은 학교와 학교 프로그램 그리고 학생들에게 미치는 영향에 대해 권위 있는 관점을 가질 수 있었습니다. 역설적으로 이 시기에는 가톨릭 학교의 의미는 대부분 알고 있었지만, 학교 운영 방식에 대해 걱정하는 사람은 거의 없었습니다. 이에 반해 오늘날 대중은 학교 경영에 대해 점점 더 많은 관심을 기울이고 있습니다. 이러한 경영적 개념은 양질의 교육과 연결되면서 교육 목적의 중요성은 점차 줄어들고 양질의 학교 교육은 약화되고 있습니다. 교장과 교직원이 학부모의 관심사와 일치하는 설득력 있는 학교 교육 비전을 제시하고 소통할 때 학생들이 학교 프로그램의 혜택을 누릴 수 있다는 사실은 분명합니다(Bryk, Lee, & Holland, 1993; Coleman, Hoffer, & Kilgore, 1982; Coleman & Hoffer, 1987).

이전 세대에 가톨릭 학교에 재직했던 남녀 수도자와 사제들의 감소로 인한 위협은 대처할 수 있는 문제입니다. 이 도전에 대응하기 위해 미국 가톨릭 공동체 내에서 교육 리더십을 담당하는 사람들은 가톨릭 학교 교장 후보자들과 현직 교장들에게 반드시 양성 훈련을 제공해야 합니다. 교장들은 가톨릭 교육의 본질과 목적을 전달하고 다른 사람들이 가톨릭 교육 사도직에 생명을 주고 지도하는 근본적인 목적을 성찰하도록 이끌 준비가 되어 있어야 합니다.

• NCEA 가톨릭 교육 리더십 단행본 시리즈의 진화

NCEA(National Catholic Educational Association, 미국 가톨릭 교육협회)의 가톨릭 교육 리더십 단행본 시리즈는 이러한 문제에 대한 폭넓은 대화를 통해 발전해 왔습니다. 학교 내 남녀 수도자 그리고 사제의 수가 감소하고 있을 뿐만 아니라 교회 내 성소자 수도 줄어들고 있습니다. 가톨릭 공동체는 이러한 추세를 한탄하기보다는 교회의 많은 현세적 활동에 대한 평신도의 책임이 커질 미래를 내다보고 준비해야 합니다. 가톨릭 학교가 지속적으로 발전하려면 평신도들이 하느님의 부르심에 응답하고 청소년의 도덕적·지적 양성에 대한 책임을 져야 한다는 것은 분명합니다. 이러한 소명과 그에 따르는 책임을 다하기 위해 평신도들은 선조들이 물려준 유산을 바탕으로 특화된 양성을 받아야 합니다.

전국적으로 이러한 유형의 양성 훈련을 제공하기 위한 큰 노력이 있었습니다. 미국 가톨릭 주교회의는 예비 교장 및 초임 교장을 위해 세 권으로 구성된 준비 프로그램인 『가톨릭 학교 지도자를 위한 양성 및 개발』(*Formation and Development for Catholic School Leaders*)을 발간했습니다. 빌라노바 대학교는 가톨릭 교육 지도자 후보들과 현직 가톨릭 고등 교육의 저명한 전문가를 모아 '유산을 새롭게'(Renewing the Heritage)라는 전국 위성 원격 콘퍼런스 시리즈를 후원했습니다. 여러 가톨릭계 대학에서는 가톨릭 교육 지도자를 양성하기 위해 특별히 설계된 프로그램들을 운영하고 있습니다. 샌프란시스코 대학교의 가톨릭 교육 리더십 연구소는 가톨릭 고등 교육이 가톨릭 교육 지도자 지망생에게 가톨릭 학교를 이끄는 데 필요한 양성을 제공하기 위해 노력한 대표적인 사례입니다. 그리고 노터데임 대학교에서는 가톨릭 교육 연맹(the Alliance for Catholic Education, ACE)을 통해 가톨릭 교육자들이 부족한 교구에서 가르칠 성인 가톨릭 신자들을 준비시키고 있습니다. 장기적으로 이 연맹은 가톨릭 교육 사도직에 새로운 소명의 흐름을 제공하고, 졸업생 중 일부는 차세대 가톨릭 교육 지도자가 될 것입니다.

그러나 현재로서 남아 있는 과제가 있습니다. 이는 가톨릭 학교 교장으로 부름을 받은 이들이 당연히 받아야 할 양성 훈련을 이미 존재하는 다른 기관의 훈련 과정과 중복되지 않으면서 제한된 재원을 추가로 사용하지 않고도 더 많이 제공할 수 있는 방안을 찾는 것입니다.

• 단행본 시리즈의 독자들

NCEA의 가톨릭 교육 리더십 단행본 시리즈는 가톨릭 교육의 철학, 신학, 역사와 최고의 교육 리더십 이론 및 실제를 통합한 문헌들을 제공함으로써 기존의 노력을 보완하고 확장하기 위해 설계되었습니다. 주로 교장 후보자들과 현직 교장들을 대상으로 제작된 이 단행본 시리즈는 가톨릭 교육 리더십 프로그램의 대학원생, 교육감, 사목자, 가톨릭 학교 이사회, 가톨릭 교육자, 학부모 등 다른 가톨릭 교육 지도자들을 대상으로 합니다.

이 책은 교장들에게 가톨릭 고유의 관점에서 교육적 목적 설정의 본질에 대한 통찰력을 제공합니다. 이 단행본 시리즈에서 다루는 다양한 주제는 교장들이 가톨릭 정체성을 강화하기 위해 학교를 어떻게 이끌 수 있는지를 전달하는 폭넓은 아이디어와 사례를 제시합니다.

가톨릭 교육 리더십 프로그램의 대학원생과 교구에서 후원하는 훈련 프로그램에 참여하는 교장 후보자들을 위해 이 책은 가톨릭 고유의 관점에서 교육 리더십의 본질을 설명하는 철학적·신학적·역사적 연구의 개요를 제공합니다. 각 단행본이 제공하는 참고 문헌은 대학원생과 교구 후원의 훈련 프로그램 참가자들이 이 귀중한 문헌을 실용적으로 활용하도록 주요 출처를 찾는 데 도움을 줍니다.

가톨릭 공동체가 학교에서 교육자를 위한 양성 훈련을 제공하기 위해서는 성공 여부가 전적으로 교구의 가톨릭 학교 교육 책임자인 교육감의 노력에 달려 있습니다. 교육감은 교구의 최고 교육 책임자로서 교구 내 학교에서 근무하는 교사와 관리자의 전문성 개발에 대한 책임뿐만 아니라 가톨릭 교육자로서의 양성 개발에도 책임을 집니다. 교구 교육감들은 가톨릭 교육 리더십 단행본 시리즈에서 제시된 다양한 아이디어와 주제를 통해 자신의 리더십 역할을 성찰하고, 교구 학교의 교육자들에게 양성 훈련을 제공하는 데 어떤 방식으로 기여할 수 있는지를 고민할 수 있습니다.

일부 사제들, 특히 제2차 바티칸 공의회 폐막 이후에 사제 서품을 받은 사제들은 가톨릭 교육 사상을 접하지 못했기 때문에, 교육 문제로 신자들에게 다가가는 것을 꺼리지 않더라도 불편하게 느낄 수 있습니다. 우리가 반드시 던져야 할 질문은 이렇습니다. 사목자들에게 신자들의 미래, 즉 새 천 년의 전환기에 가톨릭 성인 신자로 성장할 어린이와 청소년들보다 더 중요한 대상이 있을까요? 사목자들은 이 책 안에서 본당이 가톨릭 학교를 후원하든 않든 상관없이 중요한 교육 문제에 관해 신자들에게 설교할 사목적 책임을 어떻게 이행할 수 있을지를 성찰하도록 촉진하는 도발적 아이디어를 발견할 것입니다.

마지막으로, 이 단행본 시리즈는 가톨릭 교육자, 학부모, 가톨릭 교육 부서 구성원들에게 그들이 맡은 중요한 교육적 책임에 대한 성찰과 토론을 촉진할 주제별 안내서를 제공할 것입니다. 이 단행본들에 수록된 자료들을 학습한 후, 하느님께서 맡기신 청소년을 위해 무엇을 해야 할지 더 좋은 정보에 기반한 결정을 내릴 수 있기를 바랍니다. 이러한 부모, 교회, 시민의 중요한 책임이 청소년을 위한 가톨릭 교육 사상에 대해 잘 알지도 못하고 관심도 없는 공무원들과 얼굴 없는 관료들에게 떠넘겨지는 경우가 너무 많습니다.

• 가톨릭 교육 기관들의 협력

뛰어난 가톨릭 교육 이론가들은 빌라노바 대학교의 교육복지학과와 NCEA의 가톨릭 교육부 최고관리자회(Chief Administrators of Catholic Education Department, CACE) 간의 협력을 통해 가톨릭 교육 지도자들의 양성에 박차를 가할 수 있는 문헌을 제공하기 위한 장기 프로젝트에 함께 참여하게 되었습니다.

시리즈 편집자인 빌라노바 대학교의 리처드 제이콥스 신부(Fr. Richard Jacobs, O.S.A.)는 뛰어난 가톨릭 교육자들을 선정하여 교장들이 학교의 가톨릭 정체성에 중점을 두고 학교 개선을 촉진하는 데 있어 자신의 중요한 역할에 대해 배우고 생각할 수 있는 성찰적 안내서를 개발했습니다. 제이콥스 신부는 가톨릭 중고등학교에서 교사와 관리자로서 일했던 경험과 가톨릭 고등 교육 및 전국 가톨릭 교구와 학교의 컨설턴트로 일했던 경험을 바탕으로 가톨릭 교육 지도자들의 교육적 요구를 이해하고 이러한 요구를 성공적인 프로그램으로 전환할 수 있는 배경을 마련하였습니다. 또 제이콥스 신부는 학술지 『경영 시스템』(*the Journal of Management Systems*)의 객원 편집자로서 이 책 출판에 대한 폭넓은 경험을 쌓았습니다.

NCEA로부터 위촉된 가톨릭 학교 리더십에 경험이 풍부한 이들이 제이콥스 신부와 새비지(Mr. Savage) 선생을 지원하고 있습니다. 이들은 원고가 준비되면 이를 검토하게 되며, 이들이 제공하는 비판적인 피드백은 제이콥스 신부와 새비지 선생이 다양한 독자의 관심사를 충족할 수 있도록 저자와 협력하는 데 도움을 줄 것입니다.

가톨릭 교육을 위한 기관 간 협력 노력은 중요한 진전입니다. 가톨릭 고등 교육 기관, 가톨릭 교육 기관, 노련한 가톨릭 교육 지도자들이 모여 가톨릭 교육 지도자 후보자들과 실무자들을 위한 단행본 시리즈를 개발하는 것은 좋은 미래를 예고합니다. 가톨릭 교육을 대표하여 각자의 다양한 은사를 공유함으로써 가톨릭 교육 사상이 차세대 가톨릭 교육 지도자를 양성하는 과정에서 새로워질 때 그리스도의 몸은 더욱 풍성해질 것입니다.

• 단행본의 활용

NCEA의 가톨릭 교육 리더십 단행본 시리즈에 수록된 책들은 가톨릭 교육 리더십의 본질과 목적에 대한 학문적인 성찰을 위한 것이 아닙니다. 이 단행본들은 일부 학문적 성찰을 포함하고 있지만, 가톨릭 학교장 후보자들과 현직 가톨릭 학교장에게 학생들이 가톨릭 교육 목적에 참여하도록 이끌 수 있는 실용적인 지침을 제공합니다.

각 단행본은 본문 내에 실용적인 적용 사례를 포함하고 있으며, 페이지 여백을 활용하여 성찰적 질문과 활동을 제공하고 있습니다. 이러한 질문과 활동은 독자들이 매우 실용적인 방식으로 주요 아이디어와 개념에 집중할 수 있도록 돕기 위한 것입니다. 독자들은 각 단행본을 읽으면서 메모하고 자기 생각과 아이디어를 기록하기 바랍니다. 그런 다음, 자신의 메모를 되돌아보면서 학교에서 가톨릭 교육 리더십을 발휘하기 위한 구상과 계획에 활용하기를 바랍니다.

독자들이 각 페이지 여백에 포함된 질문과 활동을 작성하고 성찰하며 이 단행본의 실천적 활동에 참여한다면, 그들은 가톨릭 교육의 목적에 더 깊이 동참할 준비가 될 것입니다. 독자들은 가톨릭 교육 리더십의 본질에 대해 보다 포괄적으로 이해할 수 있을 뿐만 아니라, 가톨릭의 철학적·신학적·역사적 이상을 학교에서 실제로 실천하기 위한 실행 계획을 수립하게 될 것입니다. 따라서 각 단행본에서 제시하는 이상들은 가톨릭 교육 지도자가 해야 할 일을 명령하는 독단적인 선언이 아니라, 가톨릭 교육 리더십의 본질과 그 리더십을 발휘할 수 있는 원칙에 대한 성찰적 사고를 자극하기 위한 것입니다.

학교에서 수도자와 사제의 감소는 가톨릭 교육의 미래에 대한 위협으로 여겨질 수 있지만, 많은 평신도가 선배들의 발자취를 따르려는 관심은 가톨릭 공동체에 엄청난 자원과 기회를 제공합니다. 가톨릭 교육 지도자들은 이를 새

시대의 가톨릭 교육 지도자들을 양성할 기회로 활용할 수 있으며, 가톨릭 학교의 정체성은 학교 교장과 교사가 수도자나 사제 여부와는 관계없이 교육 목적을 설정하는 일과 더 밀접하게 연관되어 있기 때문입니다. 이 헌신적인 사람들은 20세기 전환기에 선배들이 그랬던 것처럼 21세기에도 가톨릭 교육의 목적을 이어갈 것입니다.

1996년 2월 3일 성 블라시오 축일에

빌라노바 대학교 총장 리처드 M. 제이콥스(O.S.A.)
미국 가톨릭 교육 협회 프랭크 X. 새비지

/머/리/말/

긴급한 필요: 가톨릭 교육 지도자를 위한 신학적·영적 훈련

오늘날 가톨릭 학교가 담당 주교에게 보고하는 학교의 가장 긴급한 문제는 재정입니다. 재정 문제는 교구 사목자들이 가톨릭 학교를 위한 기금 마련에 너무 많은 시간과 에너지를 소모하고 있기 때문에 주교가 관심을 두는 사안입니다.

비록 재정 확보가 가톨릭 학교의 주요 문제이지만 더 중요한 문제가 있습니다. 간단히 말하자면, 가톨릭 학교를 이끌고 운영할 교육감, 교장, 교사들의 직업적 교육과 양성을 어떻게 제공할 것인가 하는 문제입니다.

여기서 교사의 직업적 준비는 그리 큰 문제가 되지 않습니다. 전국의 가톨릭 학교의 교사 대부분이 교원 자격증을 취득합니다. 하지만 가톨릭 학교 관리자와 교육감의 직업적 준비에 한 가지 문제가 있습니다. 그들의 직업적 준비를 위해서는 대부분의 가톨릭 학교 교사나 교장의 급여에 비할 수 없는 상당한 자금이 필요합니다. 자금이 마련되기만 한다면, 직업적 준비를 위한 교육 프로그램은 일반적으로 전국 대부분 지역에서 쉽게 시행될 수 있을 것입니다.

가톨릭 학교의 재정 확보와 가톨릭 교육자의 직업적 준비는 대부분 우리가 해결할 수 있는 문제입니다. 하지만 정말 어려운 문제는, 진정한 가톨릭 학교가 되기 위해 미래의 가톨릭 학교 지도자들에게 필수적인 신학적이며 영적인 양성을 어떻게 제공할 것인가 하는 것입니다. 오랫동안 남녀 수도 공동체는 가톨릭 학교에서 교육과 행정을 맡게 될 사람들에게 신앙과 영성에 대한 확고한 기초를 제공해 왔습니다. 이 풍요로운 종교적 양성은 가톨릭 학교에서 지속적으로 큰 영향을 미치고 있습니다. 이 양성은 가톨릭 학교에서 봉직하고 있는 남녀 수도자와 사제들뿐만 아니라 그들에게 교육받고 함께 일하고 있는 평신도들에 의해서도 이루어지고 있습니다.

그러나 견고한 가톨릭 영성의 전통은 삼투현상처럼 자연스럽게 이루어지지 않습니다. 교회이자 교육 기관인 우리는 현재 학교를 이끌고 있거나 가까운 미래에 학교를 이끌게 될 사람들의 신학적이며 영적인 양성에 매우 의도적으로 관여해야 합니다.

이러한 필요성은 여러 가톨릭 학교의 교사 및 관리자들과 함께 일하면서 매우 분명해졌습니다. 우리는 가톨릭 학교를 옹호하거나 설명하는 글을 작성하는 일에 함께하며 그들과 토론을 나누었고, 그들 중 최소 몇 명은 가톨릭 교육의 기본 철학에 익숙하지 않다는 것을 분명히 알게 되었습니다. 그러나 그들은 가톨릭 교육에 대한 오랜 사상적 전통이 존재한다는 사실을 발견하고 기뻐했습니다.

만약 그들이 이 책의 어디선가 가톨릭 교육자의 소명에 관해 영감을 주는 가톨릭 사상의 핵심을 발견한다면, 그들은 더욱 기뻐할 것입니다. 교사와 관리자들이 자기 소명의 의미를 제대로 인식하게 된다면, 가톨릭 학교에 대한 존재 이유를 설명하는 데 어려움을 느끼지 않을 것입니다. 이 책 『가톨릭 교육자의 소명』은 호교적 도구가 아닙니다. 이 책은 가톨릭 교육자들이 유능함에서 탁월함으로 나아가는 데 도움을 주기 위한 것입니다. 탁월함으로 나아가는 이 움직임은 교육자가 "시간이 지나면서 학교에 고유한 정체성을 부여하는 지속적인 가치, 믿음 그리고 문화적 맥락을 정의하고 강화하며 명확하게 표현할 수 있을 때 발생합니다"(Sergiovanni, 1995, p.88).

지금까지 많은 중립적인 관찰자들은 가톨릭 학교가 사람들의 기대 이상으로 긍정적인 영향을 미치는 무엇인가 있다고 동의하면서도, 그것이 무엇인지에 대해서는 좀처럼 일치된 의견을 보이지 않습니다. 아마도 이는 각 교육자가 모든 학생을 하느님 안에서 영원한 생명을 향한 운명을 지닌 존재로 여길 수 있도록 사명과 격려를 제공하는 가톨릭 가치와 신념 그리고 가톨릭 문화 때문일 것입니다. 의심할 여지 없이 학생은 이러한 유형의 학교 공동체 안에서 격려받아야 하며 특별한 소속감을 느껴야 합니다. 이는 교사와 관리자들도 마찬가지입니다.

이 책의 저자인 리처드 M. 제이콥스(Richard M. Jacobs) 신부는 가톨릭 학교에 문화와 정체성을 부여하는 가치와 신념을 제시하고 가톨릭 교육자들이 이러한 문화와 정체성을 자신의 것으로 만들 수 있는 본질적 방법을 설명합니다. 그의 주장에 따르면 열쇠는 가톨릭 학교의 영적 사명, 즉 믿음, 희망, 사랑이라는 그리스도교의 기본 덕목에 뿌리를 둔 사명을 매일 마음속에 새기는 일상적인 마음 챙김입니다. 미국 법원과 가톨릭 학교를 선택한 학부모에 대한 공적 재정 지원에 반대하는 사람들은 가톨릭 학교에는 '교리를 세뇌시키는 일'이 '만연해' 있다고 주장합니다. 이 책의 끝부분에서 제이콥스 신부는 가톨릭 학교에 만연해야 하는 것은 학생들이 삶에 대해 더 완전하고 풍요로우며 희망에 찬 이해를 갖도록 초대하는 인격적 돌봄의 정신이라고 권고합니다.

『가톨릭 교육자의 소명』은 가톨릭 학교의 모든 교장뿐만 아니라 거의 모든 교사가 꼭 소장해야 할 책입니다. 이 책에 담긴 가톨릭 교육자의 소명에 관한 성경적 성찰은 이 책을 추천할 충분한 이유가 되며, 가장 중요한 점은 이 책이 가톨릭 학교에서 가르치고 관리하는 이들에게 교육적 탁월성의 비결이 제자 됨에 있음을 설득력 있게 일깨워 준다는 점입니다.

이 책이 가톨릭 교육 리더십 단행본 시리즈의 첫 권으로 발간될 수 있도록 후원해 주신 미국 가톨릭 교육 협회(NCEA)에 깊은 감사를 드립니다. 이 시리즈는 가톨릭 교육에서 가장 시급한 문제들을 다루고 있으며, 이 시리즈에 포함될 단행본들이 첫 권처럼 알차고 유용하다면 협회는 가톨릭 교육에 또 하나의 큰 공헌을 하게 될 것입니다.

교구 내 가톨릭 학교의 8학년 여학생이 가톨릭 교육에 관한 글을 썼습니다. 이 글은 가톨릭 교육 지도자들이 전하는 메시지가 성공적으로 전달되고 있음을 보여 줍니다.

> 가톨릭 학교는 우리가 단순히 하느님과 우리 종교에 대해 배우는 것을 훨씬 넘어서 다른 사람들과 어울리고 신앙을 확장해 주는 학교입니다. 그렇습니다. 우리는 수학, 독서, 역사를 배울 뿐 아니라, 죄와 증오가 가득한 세상에서 더 자유롭게 살아가는 방법도 배웁니다.

> 가톨릭 학교는 학생들에게 롤 모델이 되는 법과 신앙을 실천하며 살아가는 법을 가르치기에 우리 사회에서 위대한 존재입니다. 우리는 평화와 사랑과 용서로써 세상을 사랑하려고 해야 합니다. 우리는 인종이나 문화가 다르다는 이유로 누군가를 때리거나 총으로 쏴서는 안 됩니다. (…)
> 이 모든 것을 실천하는 것이 좀 어려워 보일 수 있지만 가톨릭 학교에서는 이 모든 것이 일상입니다. (위스콘신주 라이트스타운 세인트폴의 사라 헨드릭스)

사라의 글은 청소년에게 가톨릭 교육을 제공하기 위한 학부모, 주교, 사목자 그리고 본당 신자들이 기울이는 재정적 노력이 얼마나 가치 있는지 잘 보여 줍니다.

미국 가톨릭 주교회의 교육위원회 위원장
그린베이 교구 주교 로버트 J. 뱅크스

제 1 장

가톨릭 교육자의 소명:
탁월성의 핵심

교사와 관리자들에게 청소년 교육에 대해 질문하면 아마도 "단순하지 않습니다"라고 답할 것입니다. 많은 비교육자들은 청소년 교육에 '최선의 방법'이 있으며 우리가 해야 할 일은 그것을 학교에 적용하는 것뿐이라고 대중이 믿길 바라지만, 진정한 교육에는 매우 고된 노력이 필요합니다. 특히 여러 대안 중 최선의 선택을 하기 위해 신중한 의사 결정 과정에 참여할 교육자들이 필요합니다(Burlingame & Sergiovanni, 1993).

오늘날 많은 학교에서 교육자 소명의 가장 창조적이고 양육적인 측면이 무의미해지면서 교사와 관리자들의 의사 결정은 점점 더 기계적으로 변하고 있습니다. 그 결과, 한때 교사와 관리자들이 청소년의 양성에 헌신하도록 이끌었던 이상과 가치는 점차 흐려지고 때로는 차갑게 식어 버렸습니다. 또한 초등학교와 중등학교에서 교육과 행정 업무가 점차 고통스럽게 기능적이고 기계적인 의사 결정으로 축소되면서 학교에서 교육과 행정의 목적은 쇠퇴하고 있습니다. 그래서 거의 알아차리지 못하는 사이에 다음 같은 변화가 진행되고 있습니다.

- 청소년을 교육하는 것은 그들을 가르치는 것이 되었고,
- 학교의 목적에 관한 진지한 성찰과 현실적인 적용은 "여기서 벌어진 일을 어떻게 해결할까"라는 문제로 대체되었으며,
- 업무와 책임은 계약과 형식적인 관계로 정의되었으며,
- 학교에 대한 소속감은 따뜻하고 인격적이며 활기찬 공동체에서 생활하는 것에서 차갑고 비인격적이며 관료적인 조직에 속하는 것으로 바뀌어 가고 있습니다.

이러한 삭막한 분위기 속에서, 청소년을 위해 무엇을 해야 하는지에 대한 진지한 고민은 사라졌습니다. 학교의 일상은 이제 모든 것이 항공기의 '자동 비행'(automatic pilot)처럼 예측 가능하게 이뤄집니다. 교육의 근본 목적에 대한 열정과 갈등은 논의에서 사라졌습니다. 그렇다면 오늘날 교사와 관리자가 학생들을 위해 최선을 다하기보다 그저 하루를 버티는 것에 집중하는 학교에서 학생들이 환멸과 지루함을 느끼고 성취도가 떨어지는 것이 과연 놀라운 일일까요?

이 '자동 비행' 풍자가 한 학교의 일상을 어느 정도 정확하게 묘사하고 있다면, 그 학교의 교육적 의사 결정에는 초월적 목적이나 가치가 빠져 있는 것입니다. 여기에는 '실제' 상황에서 '실제' 어려움을 겪고 있는 '실제' 사람들에게 응답하려는 진정성이 사라졌습니다. 대신, 교육적 의사 결정은 통계적 평균 법칙에 따라 미리 규정된 문제를 가진 일반 사람들에게 기계적인 답변을 제공하는 것으로 축소되었으며, 청소년 교육의 핵심인 윤리에 대한 본질적 토대는

슬프게도 사라져 버렸습니다.

약 20년 전 실버만(Silberman, 1970)은 교육 실천이 어떻게 그 본질적 뿌리를 잃어버렸는지 솔직하게 관찰하며 이러한 실패에 대해 다음과 같이 말했습니다.

> 심각할 정도로 많은 교사들이 교육을 엉망으로 만들었다면, 그것은 자신이 하는 일을 왜 하는지 묻거나 교육의 목적이나 결과에 관해 진지하고 깊게 고민하는 교사들이 소수에 불과하기 때문입니다. 교육 목적에 대해 진지하게 고민하지 않고 기존 관행에 의문을 제기하는 것을 꺼리는 이러한 무심함은 공립학교만의 문제가 아니라 전체 교육 시스템 안에 나아가 실제로 사회 전반에 걸쳐 놀랍도록 퍼져 있습니다. 무심함이 문제의 핵심이라면, 그 해결책은 다양한 교육 지침들 안에 목적, 더 중요하게는 목적에 관한 사항, 또 목적을 달성하거나 목적을 변경하는 기술, 내용, 조직에 관한 사항을 스며들게 하는 데 있습니다. (p.11)

실버만에게 있어 '무심함'이 악화시키는 질병이라면, '마음 챙김'은 그 해독제가 될 수 있습니다. 교사와 관리자에게 마음 챙김은 실버만이 '목적'이라고 부르는 무언가를 옹호하고, 그 목적을 바탕으로 의사 결정 과정을 이끌고 형성함으로써 무심함의 굴레에서 벗어나는 것을 의미합니다.

이 책에서는 가톨릭 교육자의 소명에 대해 살펴보고 가톨릭 교사와 관리자가 염두에 두어야 할 것이 무엇이며 가톨릭 교육 사도직의 핵심이 무엇인지 살펴볼 것입니다. 일반적으로 가톨릭 교육자, 특히 가톨릭 학교에서 봉사하는 교육자는 대부분 좋은 학교 교육에 필요한 기본적 기술을 능숙하게 활용하는 사람으로 가정합니다(Bryk, Lee, & Holland,

1993: Coleman, Hoffer, & Kilgore, 1982; Coleman & Hoffer, 1987; Convey, 1992; Willms, 1984, 1985, 1987).

그러나 우리는 가톨릭 교육자들이 자신의 업무에 대한 요구만큼 소명이 요구하는 바를 항상 깊이 인식하고 있다고 가정하지는 않을 것입니다. 가톨릭 교육자들이 교사와 관리자로서 봉사하도록 동기를 부여하는 목적, 즉 소명을 염두에 두는 것은 기본적인 교육적 및 행정적 역량을 형성하고 학교 공동체가 본질적 목적을 달성하도록 이끄는 원동력이 될 것입니다. 이 책에 담긴 아이디어를 통해 가톨릭 교육자들이 자기 소명에 대해 더 깊이 생각하고 숙고하도록 자극을 받아 그들의 일상 활동에서 청소년을 위한 기능적 '무엇'(what)의 핵심인 본질적 '목적'(why)를 더욱 완벽하게 반영할 수 있기를 바랍니다.

그 이유는 간단합니다. 가톨릭 교육자들이 직업적 행위의 핵심인 하느님의 부르심을 염두에 둘 때 그들은 복음의 사도로서 헌신해 온 자신의 사명을 훨씬 더 분명하게 구체화할 수 있기 때문입니다. 그들과 학생들은 목적을 갖고 매일의 학교 활동에 참여하게 될 것입니다.

이러한 이상적인 모습이 모든 가톨릭 교육자의 의사 결정 과정에 구현된다면, 교육적 탁월성을 드러내는 다음 같은 몇 가지 지표들이 나타납니다.

- 기계적인 의사 결정 과정은 교육자의 사명에 관한 신중한 탐구로 대체될 것입니다.
- '우리가 여기서 일을 하는 방식'은 교사와 관리자가 학생들의 욕구를 충족할 뿐만 아니라 학교의 목적을 달성하기 위해 적용하는 방식으로 계속 발전할

것입니다.

- 교육 협약은 학교 공동체 내에서 공동의 책임을 형성할 것입니다.
- '반응하는 리더십'은 교사와 관리자가 내리는 결정의 특징이 될 것입니다.

이러한 탁월성의 지표들은 운명에 의해 결정되는 우연의 결과가 아니며 단순히 존재한다고 해서 의미 있는 것도 아닙니다. 탁월성은 교육자가 자신의 소명을 염두에 두고 신학적 목적을 사용하여 무엇을 할지를 결정할 때 드러납니다.

가톨릭 교육자의 소명에 관한 성찰적 탐구를 장려하고 나아가 마음 챙김을 키우기 위해 우선 학교 교육이 이루어지는 맥락을 살펴보겠습니다. 특히 Sergiovanni(1995)가 구별한 교육적 역량과 탁월성에 초점을 맞추어 교사와 관리자들이 업무의 기능적 측면과 본질적 측면을 성찰할 수 있는 토대를 마련할 것입니다.

그러나 우리가 중점을 두는 것은 기술 개발이나 교육적 역량이 아닙니다. 대신 이는 가톨릭 교육자들이 학교의 본질적 목적을 진정으로 성취하는 정도뿐만 아니라 자신의 노력을 성찰하고 평가할 수 있는 지점입니다. 이러한 성찰 작업은 가톨릭 교육자들이 자신의 소명을 더욱 염두에 둘 수 있는 맥락을 제공하고, 실천의 본질적 측면이 어떻게 근본적 역량을 구축하고 교육적 탁월성을 달성하는 데 기여하는지 보여 줍니다.

다음 우리의 초점은 교육적 역량과 탁월성에 대한 이론적 논의에서 성경 본문과 교회 문헌에 대한 고찰로 옮겨

성찰적 맥락 파악하기

- 교육자로서 당신은 무엇에 동기부여를 받습니까? 새 학기가 시작되면서 가장 중점을 두는 것은 무엇입니까?
- 당신의 수업(또는 교실)에서 '탁월성의 문화'란 어떤 모습입니까? 당신의 학교에서는 어떤 모습입니까?
- 교사의 소명이 단순히 청소년을 위한 수업 그 이상을 요구한다는 점을 염두에 두게 된 상황에 대해 설명해 보십시오.
- 이러한 이상들은 당신의 가톨릭 교육자로서의 소명과 어떤 관련이 있습니까?

질 것입니다. 가톨릭 교육자들은 이러한 문서들에 익숙해지면서 가톨릭 교육자로서 자신의 본질적 책임에 대해 성찰할 기회를 얻게 됩니다. 이러한 이상을 읽은 일부 교사와 관리자는 이 문서에 담긴 아이디어를 활용하여 동료들과 함께 학교의 근본적인 목적에 대해 공동으로 성찰하는 방법을 모색할 수 있습니다. 학교의 전체 교직원이 이처럼 깊은 숙고 작업에 참여한다면, 그들은 사도직의 중심에 있는 본질적 목적에 대해 더 신중하고 포괄적으로 이해할 수 있을 것입니다.

이 책의 마지막 부분에서는 가톨릭 교육자들이 자신이 하는 일을 왜 하는지를 더 깊이 생각하도록 배우면서 소명에 집중하는 데 도움을 주는 몇 가지 실제적인 활동을 살펴볼 것입니다. 이 도전은 매우 단순합니다. 즉 교사와 관리자들은 자신의 소명을 성찰함으로써 매일 수행하는 기능적 활동에 반영되어야 할 교육의 본질적 차원에 대해 더 충실하게 다가갈 수 있을 것입니다. 하지만 동시에 이 도전은 매우 이상적입니다. 즉 교육자들은 이전 세대의 선배들이 그랬던 것처럼 오늘날 학생들에게 믿음, 희망, 사랑을 전함으로써 구원의 효과에 대한 진정한 증인이 될 것입니다.

교육을 '전문화'하겠다고 거짓 약속을 하는 일회성 워크숍이나 직무 활동과는 달리, 자신의 소명을 염두에 두고 그 요구를 교육적 의사 결정에 반영하기 위한 훈련은 고무적인 격려나 기술 훈련 이상의 것이 필요합니다. 가톨릭 교육자에게는 자기 소명의 본질에 대해 신중하게 탐구할 시간이 필요합니다. 만일 교육자가 학교에 존재하는 가장 우선적 목적이 학생들에게 기쁜 소식을 전하는 것이라면, 다른 교사들이나 학생들과의 관계에서 인내심 또한 필요할 것입니다. 그리고 다른 문제들이 교사가 업무의 본질적인 측면에 집중하는 것을 방해하면서 교사의 관심을 끌려고 할 때이에 끈기 있게 대처해야 할 필요가 있습니다.

가톨릭 교육자의 소명은 청소년 교육의 핵심입니다. 교사와 관리자가 청소년을 위해 단순하고 이상적이며, 실용적이고 희망으로 가득 찬 존재가 되도록 도전하는 것은 하느님의 부르심입니다. 이것이 교육적 탁월성의 핵심입니다. 이 매우 어렵고 도전적인 사도직으로 얻는 가시적인 보상은 빈약하지만, 제자들은 믿음·희망·사랑이라는 향주삼덕이 반영된 교육적 비전을 갖고 있습니다. 그들은 주님께서 하느님의 백성을 하느님 나라의 평화로 모으기 위해 오실 때, "해야 할 일을 했을 뿐"(루카 17,10)이라고 말하는 사람들이 될 것이며, 하느님 나라의 평화 속에서 가장 깊은 갈망이 성취될 것임을 알고 있습니다. 이것이 바로 그들이 진정으로 추구하는 영원한 보상입니다.

제 2 장

역량과 기능적 행동 그리고 탁월성과 본질적 행동

학교 안에서 교사와 관리자는 서로 다른 기대와 역할, 능력을 갖추고 봉사하지만 모두 청소년 교육이라는 공동의 사명에 헌신하고 있습니다. 교사와 관리자 모두의 역량은 이 공동의 노력에서 중요한 요소로 이들이 가진 역량은 교육적 탁월성을 구축하는 견고한 토대가 됩니다.

교사로서 첫해를 떠올려 보세요.

- 가장 관심을 두고 집중했던 문제는 무엇이었습니까?
- 초기 교사 경험을 되돌아볼 때 본인의 성과를 어떻게 평가합니까?
- 당신의 재능과 강점은 무엇이었으며, 개선이 필요했던 부분은 무엇이었습니까?
- 이에 관해 교장 선생님께서는 어떤 조언을 해 주셨습니까?

- **교사를 위해**

매년 개학이 되면 교실에 첫발을 내딛는 초임 교사들이 있습니다. 예비 교사 교육과 학생을 가르친 경험을 바탕으로 초임 교사들 대부분은 좋은 교사가 되기 위해 최선을 다하겠다는 열망을 갖고 있습니다. 아마도 이들은 예비 교사로서의 경험을 통해 자신이 얼마나 엄청난 노력을 하고 있는지 인지할 것입니다. 그러나 그들은 아직 좋은 교사가 된다는 것이 실제로 무엇을 의미하는지에 대한 충분한 실무 경험이 부족하기 때문에, 교직 초기의 막연한 이상은 그들의 비전을 희미하게 만들 수 있습니다.

대체로, 초임 교사 대다수는 적어도 세 가지 기술에 관한 역량을 개발할 필요가 있습니다. 이에는 학급 경영 기술, 인간관계 기술, 그리고 좋은 교육과정과 효과적인 수업과 관련된 교육적 기술이 포함됩니다. 교직을 시작한 후 처음 5년 동안 초임 교사들은 좋은 교사가 되기 위한 성공과 실패를 경험하면서 중요한 기술에 관한 역량을 집중적으로 개발하는데 많은 시간과 에너지를 씁니다(Kagan, 1992).

그럼에도 불구하고 많은 초임 교사가 첫 몇 년을 견뎌냅니다. 그들은 청소년의 지적·도덕적 양성을 위해 매년 자신의 재능을 헌신하면서 믿음직한 경력 교사로 점점 성장해 갑니다. 그러나 경력 교사들이 단순히 좋은 교사를 넘어서 곧 탁월한 교사가 되기를 원한다면, 초임 시절 몇 년 동안 경험했던 것보다 훨씬 더 힘든 노력을 기꺼이 해야 합니다.

경력 교사는 학급 경영, 동료 교사 및 다양한 학생 그룹과의 원활한 관계 형성, 다양한 교수법을 활용하여 가르치는 기술을 갖추는 것뿐만 아니라 전문적 계속 학습에도 참여해야 합니다. 또한 단순히 이러한 기술들을 완벽하게 익히는 데 그치지 않고, 자기 말과 행동이 학교의 문화적 목적을 어떻게 상징적으로 전달할지에 대해서도 인식해야 합니다. 청소년 교육과 관련된 상징적 기술과 문화적 기술을 익히고 이를 기본적인 수업 역량과 결합하는 것이 좋은 교사를 탁월한 교사로 변화시킬 것입니다.

그리하여 매년 이 탁월한 교사들이 교실에 들어섭니다. 이들은 학급 경영, 인간관계, 교육과정과 수업에서 뛰어난 능력을 입증한 전문가로 인정받습니다. 하지만 더 중요한 점은, 이들이 보편 문화의 중재자로서 자기 역할의 중요성을 깊이 인식하고 민감하게 느낀다는 것입니다. 이들은 학생들의 삶에 영향을 미치며 그들을 성숙한 시민으로서 성장시키기 위해 도덕적·지적 지도를 하는 교육자들입니다.

탁월한 교사 즉 자신의 상징적·문화적 역할의 가치와 기대를 이해하고 이에 따라 행동하는 교육 전문가를 양성하는 데는 시간이 걸립니다. 경력 교사의 이러한 탁월함은 숙련된 역량을 바탕으로 학생들의 학습을 증진하고 진정한 교육 경험을 전해 주기 위해 끊임없이 노력할 때 입증됩니다.

진정한 교육 경험을 설계하는 기법이란 교육자의 영혼에서 교사라는 소명의 본질적 측면을 불러일으키는 것입니다. 탁월한 교사가 되는 것은 삶의 부르심이 도달할 정점이며, 이 교사는 매일 학생들에게 도덕적·지적 지도를 하면서 그 탁월함을 드러냅니다.

관리자로서 초기 경험을 떠올려 보십시오.

- 가장 염려하고 집중했던 문제는 무엇이었습니까?
- 초임 관리자로서의 경험을 되돌아볼 때, 본인의 성과를 어떻게 평가합니까?
- 당신의 재능과 강점은 무엇이었으며, 어떤 부분을 개선해야 했습니까?
- 이에 관해 교육감은 어떤 조언을 해 주어야 했다고 생각합니까?

• 관리자를 위해

교실에서 주요 책임을 맡은 동료들처럼 좋은 관리자들도 새 학년을 시작할 때마다 자신과 동료들이 한 해 동안 성취할 수 있는 것에 대해 큰 기대를 안고 새 학기를 시작합니다. 아마도 그들은 교사를 감독하고 평가하는 새로운 방식의 도입, 새로운 학사 일정의 시행, 학생 상담 절차의 개선, 나아가 교육과정 개발 추진 계획들을 세웠을지도 모릅니다.

학교 관리자는 전년도 성과를 기반으로 단점을 개선하기 위한 잘 짜여진 계획서가 있더라도, 학교 경영 기술,

인간관계 기술, 수업 리더십 기술이라는 세 가지 핵심 행정 역량이 매년 시험대에 오르게 된다는 것을 인지하며 새해를 맞이합니다. 한 해 동안 관리자가 사람들과 상황들을 어떻게 처리하는지에 따라 그가 이러한 기술 역량을 갖추고 있는지, 그리고 맡겨진 역할 기대와 조직에 대한 책임을 다할 수 있을지가 드러날 것입니다.

유능한 관리자는 수년 동안 청소년의 도덕적·지적 양성에 헌신하는 진실하고 신중한 교육자 공동체를 형성하는 데 자신의 재능을 발휘할 수 있습니다. 그러나 이 중요한 목표를 달성하기 위해, 좋은 관리자가 자기 일을 잘하는 것을 넘어 탁월한 관리자가 되기를 원한다면, 처음 학교의 행정적 책임을 맡았을 때보다 훨씬 더 도전적인 노력을 기꺼이 해야 합니다. 교실의 동료 교사들처럼, 관리자도 이제는 좋은 학교 행정을 탁월한 학교 행정으로 변화시키기 위해 자기 말과 행동이 지닌 상징적이고 문화적인 역할에 대해 더 깊이 의식하고 성찰해야 합니다.

탁월한 관리자는 단순히 학교 경영, 인간관계, 수업 리더십에 능숙한 전문가에 그치지 않고, 학교 환경 안에서 자신의 존재와 사려 깊은 행동을 통해 단순한 경영적인 역할을 넘어 더 중요하고 필요한 것을 중재하는 역할을 인식합니다. 학교 관리자는 학교의 원활한 운영을 책임지는 감독자에 머무르지 않습니다. 탁월한 관리자는 자신의 상징적 역할을 통해 가치를 구현하고 학교 설립의 '문화적' 목적을 전달하는 행동에 참여합니다. 또한 탁월한 관리자는 문화적 역할을 통해 자기 말과 행동으로 다른 학교, 심지어 유사한 학교와 구별하는 학교의 근본적 신념, 가정, 가치를 중재합니다. 요컨대, 탁월한 관리자는 자신의 상징적이며 문화적인 역할에 내재된 가치를 자신의 직무에 녹여 냅니다.

따라서 행정적 탁월성은 관리자가 교사, 교직원, 학생, 학부모 그리고 더 큰 공동체와 관계 맺는 방식에서도 나타납니다. 예를 들어, 탁월한 관리자는 진심으로 다른 사람을 배려하고 학교 공동체의 모든 구성원이 서로를 돌볼 수 있도록 관심을 기울입니다. 이들은 다른 사람들이 정직하고 개방적이며 협력적인 방식으로 행동하기를 기대하며 그에 맞게 행동합니다. 또한 가능한 한 학교 공동체의 모든 구성원이 학교의 다양한 활동에 참여할 수 있도록 노력합니다. 마지막으로, 탁월한 관리자들은 학교 안에서 진정한 학습이 이루어질 수 있도록 학교에서 실제로 어떤 일이 일어나고 있는지 탐구하는 데 전념합니다(Sergiovanni, 1994, p.71).

이러한 탁월성에 관한 구분은 일반적으로 교육자와 관련되지만, 교육과 행정에서 탁월성은 교실과 학교에서 수행해야 할 일이나 그들에게 부과된 전형적인 업무에 관한 전문적 기술을 개발하는 이상을 의미합니다. 실제 학교 현장에서의 탁월성은 학생, 교사, 관리자, 교직원, 학부모를 포함한 교육 공동체가 자기가 하는 일을 왜 하는지 이해하고 그 본질적 목적을 모든 교육적 의사 결정의 기초로 삼으려 노력할 때 드러납니다.

하지만 가톨릭 교육자들, 곧 교실과 학교에서 자신의 현존이 하느님의 주도권에 근거한다고 확신하는 가톨릭 교육자들에게 탁월성은 더 많은 것을 요구합니다. 믿음·희망·사랑의 존재인 그들은 서로에게 가톨릭 신앙이 진리로 제시하고 확신하며 가치를 부여하는 것의 살아 있는 상징으로 존재합니다. 이 비전을 공유함으로써, 그들은 신학적 목적을 달성하기 위해 헌신하는 교육 공동체를 형성합니다. 즉, 청소년들이 언젠가 한 국가의 시민으로서뿐만 아니라 하느님 나라의 시민으로서 자신의 소명을 완수할 수 있도록 도덕적·지적 양성을 제공하려고 노력합니다. 그들은 오늘의 학생들이 현세대의 가톨릭 교육자들의 헌신적인 사도직을 통해 다음 세대의 제자들로서 자기에게 맡겨진 복음 선포를 지속할 것임을 알고 있습니다.

제 3 장

역량 위에 구축되는 탁월성:

이론적 관점

Sergiovanni(1995)는 A. Maslow의 욕구 위계(hierarchy of prepotent needs, 1943)와 Herzberg의 인간 동기 2요인 이론(Two Factor Theory, 1966)을 바탕으로 좋은 교육자와 탁월한 교육자를 구별하였습니다. 이전 장에서 소개했듯이, Sergiovanni의 2수준 5단계 모델은 좋은(good) 교육자가 추구하는 바를 명확히 보여 줄 뿐만 아니라 탁월한(excellent) 교육자가 동료 교육자들과 차별되는 요인을 이해할 수 있는 관점을 제공합니다. 여기에서 Sergiovanni의 구별은 가톨릭 교사나 관리자가 수행하는 일뿐만 아니라, 더 중요한 것은 그들이 왜 그 일을 하는지를 이해할 수 있는 이론적 맥락을 제공합니다. 또한 이 구별은 가톨릭 교육자에게 진정한 교육적 탁월성이 무엇인지 이론적으로 개념화할 수 있는 기반을 마련해 줍니다.

첫 번째 모델.

• **좋은 교육자**

당신의 학교와 교실에 대해 성찰해 보십시오.

- 학교가 잘 관리되고 있습니까? 조직 문제로 인해 중요한 문제에 집중할 수 없게 되는 경우가 있습니까?
- 교사, 교직원, 학생, 학부모가 잘 어울리고 있습니까? 학교의 목적이 이들과의 관계에 반영하기 어렵게 만드는 인간관계의 문제가 있습니까?
- 학교 교육과정의 목표가 달성되고 있습니까? 교실이 경이로움과 흥미로움으로 가득 차 있습니까?

교육적 역량은 교육적 탁월성이 조성되는 토대를 형성합니다(그림 1). 이 모델의 토대는 경영 기술(예: 계획, 조직, 예산 책정), 인간관계 기술(예: 갈등 처리, 피드백 제공, 긍정적 배려, 동기부여), 교수법 기술(예: 교육과정 개발, 교수법) 등 세 가지 기술과 관련된 역량으로 구성됩니다. 각 기술은 다른 기술과 역동적으로 상호 작용하며 '좋은' 교사와 관리자의 일상 업무 목록에서 나타납니다. 이 세 가지 기술은 학교와 교실이 효과적으로 운영되도록 하고, 학교 공동체 구성원들이 지원, 격려, 그리고 도전을 경험하게 하며, 교육과정과 수업이 전문가의 전문 지식을 반영하도록 하는 '힘'입니다(Sergiovanni, 1995, pp.84~87). 교육자가 일정 기간 동안 각 기술에 관한 역량을 입증할 때 그는 실제로 진정한 좋은 교육자로 인정받게 됩니다.

따라서, 좋은 교육자는 자기의 일에 매우 집중합니다. 그들은 학생의 성장을 촉진하기 위해 인간, 가르침의 과정, 학습 경험이 통합되어 운영되도록 학교와 교실을 조직합니다. 또한 좋은 교육자들은 교육자 간, 교육자들 내 그리고 자기 학생들과 다양한 소통을 통해 학생의 대인 관계와 대내 관계의 다양한 영역에서 성장과 발달을 촉진하는 유용한 소통 역량을 키워 줍니다. 마지막으로, 좋은 교육자는 교육과정과 수업이 최종 목적을 위한 수단이라는 점을 잘 이해하고 있습니다. 따라서 그들은 특정 순간에 학교와 교실에 존재하는 성격, 성향, 그리고 다양한 태도의 변화를 고려하여 학습 환경을 신중하게 조성합니다. 교육자가 이 세 가지 핵심 기술에서 역량을 발휘할 때 학생과 학부모, 기타 이해 당사자들은 좋은 교육자가 무엇을 성취할 수 있는지 쉽게 알아볼 수 있습니다.

동시에, 어떤 사람들은 그들을 좋은 교육자로 인정하고 나아가 보상하려고 노력하겠지만, 좋은 교육자는 자신의 모든 노력의 결과에 만족하지 않습니다. 예를 들어, 좋은 교육자는 자신의 성공 중에도 교실과 학교를 잘 관리했는지, 개별 학생의 고유한 욕구를 충족했는지, 계획한 대로 수업을 전달했는지 끊임없이 질문합니다. 또한 좋은 관리자는 학교의 원활한 기능을 방해하지 않으면서 학교를 개선할 방법을 찾기 위해 항상 노력합니다. 따라서, 좋은 교육자는 교육적 탁월성이라는 달성하기 어려운 목표, 즉 항상 손쉽게 얻어질 수 없는 목표를 위해 노력합니다. 하지만 이 목표는 그들이 교육자가 되도록 영감을 주었던 모범적 인물들에게는 불가능한 일이 아니었습니다!

당신 자신의 활동을 성찰해 보십시오.

- 교육적 역량의 힘이 당신이 일상 업무 계획에 어떤 영향을 미칩니까?
- 어떤 영역에서 스스로 개발이 필요하다고 느끼고 있습니까?
- 당신은 어떤 달성하기 어려운 목표를 추구하고 있습니까?

〔그림 1〕
교육 역량의 힘
"학교 교육자들이 잘하는 것"

1. 좋은 학교와 교실의 관리: 모든 구조는 학생 교육이라는 학교의 주요 목적에 부합하도록 설계합니다. 평가는 구조가 이러한 주요 목적에 대한 적합성을 기준으로 이루어집니다.
2. 좋은 인간관계: 관리자, 교사, 학생, 학부모가 서로를 존중하고 중요한 사안에 대해 서로 원활하게 소통합니다.
3. 좋은 교육과정과 수업: 교육적 기술을 사용하여 학생과 교사 모두에게 상호작용하고 흥미를 유발하는 학습 환경을 조성합니다.

출처: T.J. Sergiovanni. (1995). *The Principalship: A reflective-practice perspective* (3rd ed.). Needham Heights, MA: Allyn and Bacon.

좋은 교육자들에게 변화는 단지 그들 일상의 한 부분이기에 그리 극적이거나 위협적이지 않습니다. "느릴수록

빠르다"라고 말한 Peter Senge(1990)의 권고를 따른다면, 좋은 교육자들의 변화에 대한 접근 방식은 혁신적입니다. 그들은 실험과 연습을 통해 현상 유지에 큰 영향력을 미치는 일련의 작은 승리를 지속적으로 달성합니다(Weick, 1984). 또한 본질적인 방법으로 학교 기능을 개선하기 위해 노력하며 동료 교육자들을 모범적으로 이끌어 갑니다.

그들의 모든 활동에서, 탁월한 교육자는 학교의 목적을 대변하고 상징합니다.

- 학교가 교과 관련 자료뿐만 아니라 참된 원칙에 따라 삶을 살아가는 방법을 가르치는 배움의 장소라는 경험 사례를 말씀해 주십시오.
- 교사와 학생들이 학교가 자신에게 어떤 의미인지에 관해 열정적으로 가르치는 모습을 발견한 상황을 설명해 주십시오.
- 학교의 건축물뿐만 아니라 학교 문장, 트로피, 조형물은 학교의 목적을 어떻게 지지하고 표현하고 있습니까?
- 학교의 정책, 절차, 핸드북은 학교의 목적 선언문과 일치합니까? 중요한 교실 내 결정 및 행정적 결정은 이러한 문서들과 명확히 관련되어 있습니까?

• 탁월한 교육자

Sergiovanni(1995)에 따르면, 탁월성은 근본적 역량에 기반을 두고 있으며, 좋은 교육자들이 교실과 학교에서 존재하는 목적을 더 의식적으로 인식하고, 자기의 모든 말과 행동에 이러한 인식을 반영하려고 노력할 때 나타나기 시작합니다(그림 2). 탁월성은 무에서 창조되는 것이 아니라, 청소년 교육이라는 고된 업무에 종사하면서 학교의 목적을 달성하기 위해 함께 고민하고 노력하는 교사와 관리자를 필요로 합니다.

탁월한 교사와 관리자는 "학교에 가치 있는 것이 무엇인지를 알고 싶어 하고 질서와 방향 감각을 원하며 이러한 감각을 다른 사람들과 공유하는 걸 즐깁니다"(Sergiovanni, 1995, p.87). 그들은 "선택적 관심 또는 중요한 목표와 행동을 모델링하며, 학교에서 중요하고 가치 있는 것을 다른 사람들에게 알려 줌으로써"(p.87) 자기의 상징적 역할을 구현합니다. 따라서 이러한 질서가 영향력을 발휘하는 학교에서 교사와 관리자는 그들의 상징적 역할을 활용하여 학교 공동체의 다른 구성원들이 자신이 하는 일을 이해하고 자기의 인적 자원을 학교의 목적을 달성하는 데 기여하게 만듭니다.

반면에 교육자의 문화적 역할은 상징적 역할에서 한 걸음 더 나아갑니다. 문화적 역할은 교사와 관리자가 "오랜 시간을 걸쳐 오랜 시간에 걸쳐 학교에 고유한 정체성을 부여하는 지속적인 가치, 신념, 문화의 맥락을 정의하고 강화하며 명확하게 표현하는 방법"을 포함합니다(Sergiovanni, 1995, p.88). 교사와 관리자는 학교의 목적을 명확히 설명하고, 새로운 구성원과 관계를 맺으며, 학교의 역사 속에 간직된 인물과 사건에 관한 이야기를 들려주고 신화를 발전시켜야 합니다. 또한 그들은 '학교에서 일이 진행되는 방식'을 설명하고 학교의 목적과 그것이 구성원들에게 의미하는 바를 전달하는 상징을 제시하며, 구성원을 보상하고 처벌할 때 자신의 문화적 소임을 수행합니다. 이러한 역할을 지속하면, "학교와 학교의 목적은 존중받게 되는데, 이는 거룩한 사명에 헌신적인 이념적 체계와 어떤 면에서 비슷해집니다"(p.88).

따라서 교육자가 학교의 목적에 초점을 맞추고 이를 명확히 하면, 행동, 태도 및 조형물이 학교의 무형적 목표를 더 명시적으로 표현하도록 만들 수 있습니다. 예를 들어, 학교의 문장, 건축 디자인, 트로피 보관함뿐만 아니라, 싸움과 험담과 무례함에 관한 무관용 원칙도 학교가 무엇을 부정적으로 혹은 긍정적으로 바라보는지를 정확히 기억시켜 주는 역할을 할 수 있습니다. 탁월한 교육자들에게 있어, 상징적 역할과 문화적인 역할은 학교의 목적을 증진하고 강화하는 데 함께 작용합니다.

교실과 학교에서 이 두 힘이 어떻게 작용하는지에 관한 Sergiovanni(1995)의 통찰력을 이해하기 위해, 교육자 간의 대화가 학교의 상징적이고 문화적인 힘을 어떻게 더욱 명확하게 만들 수 있는지에 관해 생각해 보겠습니다.

> **탁월한 교육자는 그들이 하는 모든 일에서 학교의 목적을 전달합니다.**
>
> - 행정 관련 회의에서 논의되는 사안이 학교의 목적과 직접 관련된 문제에 초점을 맞추고 있습니까? 아니면 이러한 회의가 사소한 행정 업무에 매몰되는 경향이 있습니까?
> - 관리자, 교사, 학생, 학부모가 학교의 목적을 어떻게 인식하고, 어떻게 말과 행동으로 표현하는지 설명해 주십시오. 각 교실의 고유한 환경에서 학교의 목적이 어떻게 표현되는지에 대해서도 설명해 주십시오.

교육자들이 특정 학생이나 학년이 집중하지 않는 이유에 대해 서로 불평하는 것은 드문 일이 아닙니다. 어떤 경우에는, 학생들이 매사에 진지하게 받아들이지 않는 점에 대해 심하게 불평하는 교육자가 있는가 하면, 학생들의 발달, 학교 밖 생활, 관심사들에 대해 분노를 표출하는 교육자도 있습니다. 또 다른 경우에는, 교실의 문제를 부모의 태도와 성향, 심지어 세상의 문제로 돌리는 교사들이 있으며, 다른 동료 교사들에 대해 단정적인 판단을 하거나, 그들의 태도가 학교 내에서 불화를 조장하므로 용납되어서는 안 된다고 불만을 표현하는 교사들도 있습니다. 언뜻 보기에는 이 모든 실없는 대화는 그다지 프로답지 않아 보일 수 있습니다. 실제로 외부인이 교무실, 점심 식사 테이블, 복도, 주차장에서 교육자들이 서로 주고받는 이런 전형적인 실없는 대화를 엿듣는다면 아마 수치심을 느낄 수도 있습니다.

하지만, 이러한 실없는 대화가 "우리는 항상 옳고 저들은 틀렸다" 또는 "저들과 다른 우리"라는 태도로 오만함과 거짓 겸양을 나타내는 경멸의 의미는 아닙니다. 만약 누군가가 이러한 실없는 대화에 뒤따르는 내용을 주의 깊게 듣는다면, 탁월한 교육자와 불만을 품고 비난하는 교육자들을 구분하는 탁월성의 힘을 발견할 수 있을 것입니다. 예를 들어, 탁월한 교육자들은 서로에게 위안을 주고 가능한 해결책을 고민하며, 잠재적으로 긍정적이거나 부정적인 결과에 대해 전략을 세우고 서로의 견해에 도전합니다. 많은 경우에 탁월한 교육자는 자기의 교육과 행정 활동을 통해 학교 목적을 실현하기 위해 학교와 교실에서 혹은 동료 교사와 학생들과의 관계에서 무엇을 해야 할지를 보다 잘 이해한 상태로 집이나 교실로 향하는 경우가 많습니다.

Sergiovanni(1995)에 따르면, 탁월한 교사와 관리자들이 애써 성취하려는 것은 학생과 동료 교육자들의 인격 양성입니다. 그들은 학교 공동체와 더 큰 문화가 추구하는 가치를 상징하는 존재로서 학생들 앞에 서 있음을 알고 있습니다. 그들이 하는 스토리텔링, 신화 만들기, 심리 분석은 모두 공적인 교육 자체보다는 탁월한 교육 문화를 조성하는 데 더 많이 연결되어 있습니다. 일반적으로 교육자들 사이에 오가는 실없는 대화의 대부분을 잘 모르는 학부모와 학생들은 그 결과를 인지합니다. 그들은 이러한 교육자들이 "학생들에게 관심이 있다"고 인식하고 말합니다.

교육자들이 상징적 기술과 문화적 기술에 관한 전문성을 개발하여 학교 공동체가 가정하고, 믿고, 중요하게 여기는 가치를 학생들과 동료들과 소통할 때, 그들은 또한 한 사람이 특정한 학교 공동체에 속하는 것이 어떤 의미인지에 관한 문화적 유산을 전수하는 역할을 합니다. "사람들은 강력하고 결속력 있는 이 문화의 구성원이 되면 개인적인 중요성과 의미에 관한 특별한 감각을 누릴 기회를 얻게 됩니다. 그들의 일과 삶은 새로운 중요성을 지니게 되고, 더 풍부한 의미와 확장된 정체성 그리고 특별한 무언가에 속해 있다는 느낌을 지니게 됩니다"(Peters, Waterman, & Sergiovanni, 1995, p.89). 탁월한 교육자들은 바로 이러한 행동, 태도 및 조형물을 통해 청소년을 교육하는 그들의 소명의 본질을 분명히 드러냅니다.

〔그림 2〕
탁월한 학교에서 드러나는 힘
"탁월한 학교의 교육자들은 그 일을 왜 할까?"

4. 말하는 상징들: 유형적 조형물(예: 학교 모토, 휘장, 문장, 건축물, 교육자)은 학교의 교육적 실천을 이끄는 핵심 가정, 신념, 가치를 전달합니다.
5. 문화적 매개체: 학교와 구성원들의 모든 활동은 소중한 이상을 상징하고 대표합니다.

출처: T.J. Sergiovanni. (1995). *The Principalship: A reflective-practice perspective* (3rd ed.). Needham Heights, MA: Allyn and Bacon.

요컨대, Silberman(1970)이 말했듯이, 탁월한 교육자들은 자신의 목적을 염두에 두고 마음 챙김(mindfulness)을 통해 자신이 하는 일을 왜 하는지를 알고 있습니다. 그들의 교실과 학교는 우연이나 사소한 일시적인 이해관계에 의해 지배되지 않습니다. 그들의 결정은 최신 교육 트렌드에 휘둘리거나 단순히 "우리는 항상 그런 방식으로 해 왔다"라는 이유로 과거의 방식을 반복하는 데 집착하지 않습니다.

대신, 탁월한 교육자들은 매일 시작부터 끝까지 학생들에게 다가가고 진정한 학습 공동체를 형성하려고 노력합니다. 그들은 학생들이 더 성숙하고 더 완전한 기능을 갖춘 사람으로 성장하여 교실과 학교를 떠날 수 있도록 모든 관리 기술, 관계 기술, 교수법 기술을 동원할 뿐 아니라, 이보다 더 중요하게는 학교가 소중하게 여기는 가치를 학생들과 공유함으로써 학생 개인이나 집단이 이러한 특별한 공동체의 일원이 된다는 것이 무엇을 의미하는지 전달합니다.

Sergiovanni(1995)가 좋은 교육자와 탁월한 교육자를 구분한 것은 모든 분야의 교사와 관리자들에게 일반적으로 적용됩니다. 공립학교든 사립학교든 좋은 교육자는 학교와 교실이 잘 조직되도록 자기 기술들을 사용합니다. 그들은 이해와 학습을 촉진하는 개인적 관계를 발전시키기 위해 노력하고 좋은 교육과정을 선택합니다. 또한 가능한 많은 학생이 학습 활동에 참여하도록 격려하는 수업 활동을 계획합니다. 그러나 탁월한 교육자와 좋은 교육자를 구분한다면, 전자는 학교와 교실에 그들이 존재하는 목적을 항상 염두에 둔다는 것입니다. 그들은 다음 세대의 성숙한 시민이 될 학생들의 도덕적이고 지적인 수준을 높이기 위해 최선을 다합니다.

요약하면, Sergiovanni(1995)의 모델에 따르면, 교육적 탁월성과 관련된 상징적이며 문화적인 역할은 세 가지 기본 역량을 기반으로 합니다. 탁월한 교사와 관리자는 '신중한' 교육자로서('암기식 교육을 하는' 교육자와는 반대되는 개념) 학생 개인이나 집단 모두가 되기를 원하는 인격적 모델을 제시하며, 동시에 그들은 학교 전체에 이러한 이상을 심어 주기 위해 가능한 모든 기술과 자원을 동원합니다. 탁월한 교육자들은 학생들과 함께 이러한 고무적인 이상과 가치로 가득 찬 교육 공동체를 형성하기 위해 열심히 노력합니다.

탁월성이란 자신이 하는 일을 학교의 근본적인 목적과 연결시키는 것입니다. 가톨릭 교육자들은 다음 질문으로 시작할 수 있습니다.

- 나는 왜 이 학교를 선택했는가?
- 학교의 목적이 나에게 어떤 방식으로 도전을 주는가?
- 내가 여기에서 사도직을 수행함으로써 이 학교가 얼마나 더 나은 곳이 될 수 있는가?
- 학교와 교실을 더 나은 학습 환경으로 만들기 위해 내가 할 수 있는 일은 무엇인가?

교육적 탁월성은 교육적 역량의 토대 위에 구축된다는 Sergiovanni(1995)의 개념은 관리자와 교사가 교무 회의, 교직원 연수, 현직 프로그램을 설계하기 위한 규범적 틀을 제공합니다. 예를 들어, 관리자는 먼저 비공식적 평가회를 열어 교사들이 교무 회의에서 절대 사라질 것 같지 않은 반복적인 관리, 대인 관계, 교육적 문제를 다루는 데 소요되는 평균 시간을 파악하도록 할 수 있습니다. 교무 회의에서 이런 일상적인 문제를 다루는데 소요되는 평균 시간은 학교의 목적과 정체성 같은 본질적인 문제를 심도 있게 논의하는데 소요되는 평균 시간과 비교할 수 있습니다.

이 비공식적 평가회는 교육자 공동체가 일상적인 문제 해결에 지나치게 많은 시간을 할애하면서도 학교의 상징적이고 문화적인 목적에 더 집중함으로써 탁월성을 향한 길로 나아갈 기회를 놓치고 있다는 점을 드러낼 수 있습니다. 만약 교무 회의, 직원 연수, 그리고 실무 교육 프로그램이 이러한 '힘'에 초점을 둔다면, 교사와 관리자들은 청소년을 교육하기 위해 매일 학교에 들어오는 그 첫 순간부터 자신의 역할과 목표를 염두에 두어야 한다는 점을 깨닫게 될 것입니다. 그다음, 청소년 교육이 진정으로 무엇을 수반하는지를 배울 수 있는 시간적 여유와 점진적 발전의 기회가 주어진다면, 기본적 역량을 갖춘 교사들은 교직의 중요한 두 차원에 관해 서로 소통하며 탁월한 교육자가 되려는 목표를 달성하기 위해 노력할 동기를 얻을 수 있습니다. 궁극적으로, 그들은 학교가 존재하는 목적에 영감을 주는 가치와 이상이 통합된 교육 경험을 학생들에게 제공하기 위해 함께 일하는 법을 배우게 될 것입니다(Sergiovanni, 1994).

• 탁월성과 가톨릭 교육자의 소명

앞서 언급했듯이 모든 유형의 학교에는 좋은 그리고 탁월한 교사와 관리자가 존재합니다. 그러나 가톨릭 교육자들에게는 그들의 상징적이고 문화적인 역할이 다른 분야의 동료들과 그들의 소명과 업무를 구별하는 중요한 요소입니다(그림 1, 그림 2의 4번과 5번을 그림 3과 참조).

가톨릭 교육자는 학생들이 이 세상 시민으로 살아가는 데 필요한 지식, 기술, 가치를 심어 주기 위해 특별히 훈련받은 전문가로, 하느님 나라의 시민을 나타내는 지식, 기술, 가치의 상징으로서 학교 공동체에 존재합니다. 가톨릭 교사와 관리자는 자기의 믿음과 희망과 사랑을 통해 교육자들 서로 간에 그리고 학생들에게 인간의 삶에 대한 가톨릭적 비전을 정의하는 고유한 의미와 목적, 가치를 상징하는 제자들입니다. 부모와 교회는 바로 이 신앙 공동체에 청소년에게 가톨릭 문화를 전달할 사명을 맡기고 있습니다.

〔그림 3〕
가톨릭 교육의 탁월성에 관한 다섯 가지 힘
"우리가 일하는 목적"

1. 학교와 교실을 관리하기 위해
2. 따뜻한 인간관계 계발을 위해
3. 좋은 교육과정과 수업을 제공하기 위해
4. 도덕적·지적 가치를 전달하기 위해
5. 가톨릭 문화를 전달하기 위해

출처: T.J. Sergiovanni. (1995). *The Principalship: A reflective-practice perspective* (3rd ed.). Needham Heights, MA: Allyn and Bacon.

좋은 교육자와 탁월한 교육자를 구별할 수 있는 이론적 모델을 고찰하면서 우리는 가톨릭 교육자의 소명이 다른 교육자의 소명과 어떻게 다른지를 구별할 수 있는 여정의 지점에 도달했습니다. 그러나 우리는 아직 이 소명에 수반되는 탁월성이 무엇인지 정확하게 설명하지 못했습니다.

이제 우리의 성찰은 성경과 전승으로 눈을 돌립니다. 가톨릭 교육 사상에 관한 이 고찰을 통해 가톨릭 교육자들이 청소년을 위해 부름 받았다는 것이 무엇인지 더 깊이 이해하려고 노력할 것입니다. 이 문헌들에 담긴 신앙의 유산을 통해 우리는 모든 가톨릭 교육자가 학교에서 자기 삶과 사도직을 통해 가톨릭 문화를 전달함으로써 진정한 교육적 탁월성을 구현하기 위해 더 염두에 두어야 할 고무적 이상들을 만나게 될 것입니다.

제 4 장

가톨릭 교육자를 위한 탁월성의 비전

- 성경적 성찰: 소명, 사명, 파견, 위임
- 제2차 바티칸 공의회 이전 교회의 신학적 관점
- 제2차 바티칸 공의회 이후 교회의 신학적 관점

학교에서 가르치고 관리하는 일을 설명할 때 일반적으로 사용하는 은유는 청소년 교육을 흔히 '전문 지식' 영역에 속하는 '직업'이나 '경력'으로 비유합니다. 이러한 은유가 전달하는 기능주의적 이데올로기를 고려할 때, '소명'이나 '사도직'과 같은 신학적 은유는 많은 사람에게 청소년 교육에 관하여 다소 생소함과 호기심을 불러일으킬 수 있습니다.

그러나 Sergiovanni(1995)의 교육적 탁월성 개념은 교사와 관리자의 노력에 동기를 부여하는 본질적 목적을 성찰하고 설명할 수 있는 이론적 관점을 제공합니다. 이 목적은 청소년을 교육하는 일을 매우 도전적이며 어려운 '소명'과 '사도직'으로 승화시킵니다. 기능주의적 은유와 비교해 볼 때 이러한 신학적 은유는 가톨릭 교육자들이 하는 일뿐만 아니라 그 일을 왜 하는지에 대한 깊은 이해를 제공합니다.

가톨릭 교육자들은 이러한 도전적인 사도직의 요구를 충족하기 위해 좋은 교육 실천과 관련된 기술적 토대를 마련합니다. 이들은 교실과 학교를 잘 관리하고 학생들과의 의미 있는 소통을 하며, 교육과정이나 수업에 관련된 기술

새 학년도를 준비하면서 다음 활동에 관여하는 시간을 백분율로 표시해 보십시오.

- 관리 및 조직 업무: ___%
- 동료 교사와 협력: ___%
- 교육과정 및 수업 개선을 위한 전문 서적 공부하기: ___%
- 학교의 철학과 사명 선언문 공부하기: ___%
- 사도직의 요구를 충족시키기 위해 혼자 머물고 성찰하는 시간 갖기: ___%

가톨릭 교육자로서 당신의 우선순위는 무엇입니까? Sergiovanni의 모델을 사용하여 '좋음' 혹은 '탁월성'을 목표로 삼고 있습니까?

을 완벽히 습득합니다. Sergiovanni(1995)가 강조하듯, 이러한 역량들을 토대로 자기 직업에 내재된 본질적 목적을 실현하기 위해 노력할 때 좋은 교육자는 탁월한 교육자로 성장할 수 있습니다.

그러나 가톨릭 교육자에게는 좋은 교육의 실천만으로는 충분하지 않습니다. 또한 이들은 가톨릭 문화를 상징하는 가정, 믿음, 가치관을 전달해야 하는데, 이는 성경과 전승을 통해 그리스도교 전통 안에서 수 세기에 걸쳐 전해져 내려온 것입니다. 청소년의 첫 번째 교육자인 부모와 마찬가지로, 가톨릭 교육자는 학생들에게 다음 세상뿐만 아니라 이 세상의 인간적 실존과 시민 정신을 보여 주는 모델이 되어야 하며, 가톨릭 문화를 학생들 간의 상호 관계로 해석할 수 있어야 합니다.

그다음, 가톨릭 교육자는 청소년의 진정한 필요를 돌볼 때 자신의 탁월성을 표현하고 자신의 소명이 요구하는 바를 실현합니다. 가톨릭 교사의 역할은 전문 지식이 필요한 직업인 동시에 용기와 자신감을 요구하는 거룩한 부르심, 즉 사도직이기도 합니다. 이들은 학생들에게 차세대 성인으로서 도덕적·지적 지식과 경험, 기술을 제공하여 효과적으로 살아가도록 돕는 것이 교육적 과업이지만, 그들의 사도직은 개별 학생의 삶에 대해 하느님과 교회의 관심을 상징하는 살아 있는 증인이 되는 것입니다.

그렇다면 성경은 가톨릭 교육자의 소명과 사도직에 대해 어떤 비전을 제시할까요? 다음 글에서는 가톨릭 교육자들이 자신이 하는 일을 왜 하는지를 이해할 수 있도록 성경적 관점을 간략히 살펴볼 것입니다. 이러한 성경적 성찰은 가톨릭 교사와 관리자가 자신이 하는 일을 왜 하는지 깊이 인식할 수 있는 신학적 틀을 제공합니다.

성경적 성찰: 소명, 사명, 파견, 위임

성경에는 예수님을 훌륭한 스승으로 생생하게 묘사하는 이야기가 여러 번 등장합니다. 우리에게 매우 잘 알려진 장면 중 하나는 예수님이 산 중턱에서 수많은 군중을 가르치는 모습입니다. 또 다른 장면은 예수님이 성전에서 거짓 교사들의 권위에 도전하는 모습입니다. 또한 예수님이 제자들을 한적한 곳으로 부르셔서 하느님 나라의 일원이 되는 것에 대해 가르치시는 모습입니다. 복음사가들이 예수의 삶과 사명을 묘사하기 위해 사용한 다양한 이미지 중에서 '랍비 예수님'(Jesus the Rabbi)이라는 스승의 이미지는 의심의 여지 없이 수 세기에 걸쳐 그리스도교 신자들의 마음속에 깊이 자리 잡았습니다(Pelikan, 1985).

특히 교육자들에게 '스승 예수님'(Jesus the Teacher)의 이미지는 교사와 관리자로서 자기 삶과 업무를 성찰할 수 있는 가장 강력하고 설득력 있는 상징이 될 것입니다. 그러나 성경 이야기 중에서 예수님이 '무엇을' 가르치셨는지에 초점을 맞추기보다는 예수님께서 제자들에게 가서 모든 민족을 가르치라고 명령하신 이야기에 주목할 것입니다. 이 이야기의 여러 요소를 살펴보면서 예수님의 제자들이 가르치는 내용의 핵심인 '왜'를 이해하기 위해 노력할 것입니다. 이는 제자들의 부르심의 본질이 무엇인지, 그들이 수행할 사명이 무엇인지, 그들이 보내진 곳이 어딘지, 그리고 하느님께서 그들에게 자신의 말씀을 선포할 권한을 어떻게 위임하셨는

성경은 가톨릭 신앙의 유산을 한 세대에서 다음 세대로 전승하는 수단 중 하나입니다.

- 교사 연수 과정에서, 성경이 당신의 직업적 실천을 성찰하고 평가하는 데 어떻게 활용할 수 있는지 제안되거나 구체적으로 시연된 적이 있습니까?
- 교육자로서의 삶과 업무를 성찰하거나 다른 교육자와 학생들이 당신과 나누고 싶은 문제에 접근할 때 성경 이야기를 사용한 경험이 있습니까?
- 당신의 교육적 의사 결정이 성경에서 제시하는 청소년 교육에 대한 관점과 어떻게 관련되어 있는지 설명해 주실 수 있습니까?

지를 이해하기 위한 노력입니다.

이러한 성찰은 가톨릭 교육자의 소명에 관한 성경적 관점을 형성합니다. 성경적 관점을 통해 교사와 관리자는 자신의 '일'과 '소명', 즉 자신이 하는 일과 그 일을 하는 이유를 구분할 수 있게 됩니다.

• 마르코 복음

마르코 복음의 결론 부분이 우리가 가장 먼저 살펴볼 이야기입니다. 흔히 '사명 부여 장면'으로 알려진 이 마지막 부분은 여러 세대에 걸쳐 그리스도인들에게 소중히 여겨져 왔습니다. 특히 이 장면은 예수님께서 제자들을 보내어 모든 민족을 제자로 삼으라고 하신 순간을 상기하기 위해 설교자들에 의해 인용되었습니다.

마르코 복음(16,14~20)은 다음과 같이 묘사합니다.

14 마침내, 열한 제자가 식탁에 앉아 있을 때에 예수님께서 나타나셨다. 그리고 그들의 불신과 완고한 마음을 꾸짖으셨다. 되살아난 당신을 본 이들의 말을 그들이 믿지 않았기 때문이다.
15 예수님께서는 이어서 그들에게 이르셨다. "너희는 온 세상에 가서 모든 피조물에게 복음을 선포하여라.
16 믿고 세례를 받는 이는 구원을 받고 믿지 않는 자는 단죄를 받을 것이다.
17 믿는 이들에게는 이러한 표징들이 따를 것이다. 곧 내 이름으로 마귀들을 쫓아내고 새로운 언어들을 말하며,
18 손으로 뱀을 집어 들고 독을 마셔도 아무런 해도 입지 않으

며, 또 병자들에게 손을 얹으면 병이 나을 것이다."

이 이야기가 전개될 때(마르 16,14) 주 예수님은 기뻐하지 않으십니다. 사실, 예수님의 첫 행동은 마리아 막달레나와 두 제자(아마도 베드로와 요한)가 예수님이 죽은 이들 가운데서 살아나셨다는 기쁜 소식을 전했음에도 완고하게 이를 믿지 않은 제자들을 꾸짖는 것이었습니다. 열한 제자들은 이 이상하고 난해한 이야기를 받아들일 만한 신앙의 깊이가 부족하여 인간 이성이 사실이라고 여기는 것에만 의지했습니다. 그들은 예수님이 십자가에 못 박혀 죽고 묻히셨다는 사실에만 집착했습니다. 그들은 기쁜 소식을 통해 슬픔을 이겨내고 삶을 살아가기만 하면 되었지만, 불신으로 인해 자신도 모르게 비관적인 태도에 빠져 그들 가운데 선포되는 진리를 보지 못했던 것이었습니다.

이 지점에서 마르코는 중요한 주제를 제시합니다. 부활하신 주 예수님은 열한 제자가 세운 모든 물리적·심리적·신학적 장벽을 기적적으로 뚫고 그들 가운데 오십니다. 주 예수님은 갑자기 열한 제자들 앞에 나타나셔서 그들의 비관적인 망상을 깨뜨리고 불신을 질책하신 후 그들을 파견하여 복음을 선포하게 하십니다.

마르코의 기록처럼 부활에 대한 믿음은 그리스도인의 소명과 사명의 핵심입니다. 하느님의 구원 능력에 대한 굳건한 신앙만이 인간의 이성적 한계를 초월하게 하고 하느님 구원의 선물을 경험하며 복음을 선포할 권한을 부여받게 합니다.

흥미롭게도 주 예수님께서는 열한 제자에게 각자 생활과 일터로 돌아가라고 말씀하지 않으셨습니다. 그들에게 동네나 이웃, 익숙한 곳에 머물라고도 하지 않으셨습니다. 대신 주 예수님께서는 열한 제자에게 익숙하고 편안한 환경을 넘어 낯선 땅으로 나아가라고 독려하셨습니다. 마르코는 열한 제자가 동족에게만 복음을 전하는 것이 아니라 "온 세상에 나아가 모든 피조물에게 복음을 선포하라"(마르 16,15)는 명령을 받았다고 기록합니다. 그들의 복음 선포는 지역적 제한이 없었으며, 이 메시지를 모든 나라와 민족에게 선포해야 했습니다.

신학적으로 이는 혁명적인 메시지였습니다. 주 예수님께서는 열한 제자에게 세상 각지로 가서 모든 사람에게 복음을 전하라고 명령하시며, 신실한 유다인만이 하느님의 선택된 민족이라고 가르쳤던 전통적인 유다교 신학의 협소한 경계를 무너뜨리셨습니다. 가르치라는 이 명령은 모든 사람을 하느님의 가족으로서 완전한 친교에 초대하라는 명령이었습니다.

그리고 마르코는 이 가르침이 기적적인 효과를 가져왔음을 상기시킵니다. 열한 제자는 귀신을 쫓아내고 새로운 언어로 말하며 뱀을 손으로 만지고 치명적인 독을 마셔도 해를 입지 않았고 병자를 치유했습니다(마르 16,17~18). 요컨대, 제자들의 가르침은 모든 이가 예수님에 대한 믿음, 즉 예수님을 단순히 역사적 인물이 아닌 자신들 가운데 활동하시는 하느님의 현존이신 주 예수님에 대한 신앙을 가짐으로써 용기를 얻게 하려는 것이었습니다. 또한 열한 제자들은 권위 있게 가르쳤으며 악을 물리쳤습니다.

마르코 복음서의 이야기가 억지스러운 이야기일까요? 신앙을 지니고 그들이 학교와 교실에서 존재하는 목적을 염두에 두는 교육자에게는 그렇지 않습니다.

이러한 교사와 관리자들은 학생들이 죄를 거부하고 하느님 나라의 일원이 되는 책임을 받아들이도록 독려할 때 주 예수님께서 그들을 통해 일하고 계심을 알고 있습니다. 또한 이 교육자들은 주 예수님께서 그들 안에 현존하시고 그들을 통해 일하시며 젊은이들이 죄를 거부하고 복음으로 돌아가 구원을 얻도록 마음을 움직이는 '새로운 언어'를 사용하게 하신다는 사실을 받아들입니다. 또한 이 교육자들은 학생들이 성장해 감에 따라 종종 그들을 짓누르는 혼란스러운 지적·심리학적·생물학적·사회적·영적 문제들을 다룰 때, 청소년들을 위협하는 은유적 '뱀'을 다루시는 분은 바로 주 예수님이라는 것을 깨닫고 있습니다. 부활하신 주님에 대한 신앙은 교사와 관리자들에게도 비극적 사건들로 인해 삶이 크게 흔들리거나 상처받은 학생들이 때때로 뿜어내는 독을 마시고도 아무런 해를 입지 않음을 상기시켜 줍니다. 이러한 증거는 이 교육자들이 신적 권위를 가지고 가르치고 있음을 분명히 보여 줍니다.

마르코 복음의 이야기는 가톨릭 교육자들에게 자신이 하는 일이 얼마나 중요한지를 일깨워 줍니다. 교육자들은 복음을 선포하라는 부름을 받고 그 사명을 수행할 권한이 주어졌습니다. 그러나 훨씬 더 중요한 것은 그들이 자신이 하는 일을 하는 이유, 즉 주님께서 그들을 통해 사도직을 수행하고 용기 있는 사랑을 보여 주는 기적을 행하도록 허락하신다는 것입니다. 청소년을 교육하는 일상적인 업무를 무한한 사랑의 사도직으로 승화시키는 것은 바로 주 예수님에 대한 그들의 신앙입니다.

수많은 교육자에게는 직업적 책임이 학교와 학급 경영, 인간관계, 교육 실천에 관한 역량 개발과 유지에 국한될

성경 말씀과 당신의 활동을 연결할 때,

- 하느님께서 당신이 봉사하도록 보내신 사람들 가운데 어떤 필요에 응답하도록 부르셨다고 믿습니까?
- 당신의 사도직을 통해 경험했던 '기적'을 소개해 주십시오.
- 교사들이 서로의 신앙을 성장시킬 수 있도록 그들의 기적적인 이야기에 집중하고 나누기 위해 무엇을 할 수 있습니까?

때 교육과 행정에 전념하는 것이 훨씬 더 쉽습니다. 하지만 안타깝게도 청소년 교육이 성경적 토대를 잃게 되면 교육자의 말과 행동은 그들의 영혼에서 우러나오는 것이 아니라 공식적 및 비공식적 계약, 업무 강령 그리고 '교사를 배제한'(teacher-proofed) 교육과정에 의해 좌우되는 암기식 교육으로 전락하게 됩니다. 이로 인해 그들의 '소명'은 '직업'이 됩니다. 열한 제자들처럼 하느님의 부르심에 귀 기울이거나 온 힘을 다해 부르심에 응답하기보다 불신앙에 머물면서 편안한 일상에 자신을 묶어 두고 복음을 선포하라는 부르심을 거부한 채 자기 일을 계속하는 것이 가톨릭 교육자들에게도 더 쉬울 수 있습니다.

그러나 교사와 관리자가 자기 소명의 핵심을 염두에 두고 모든 경영 기술, 관계 기술, 그리고 전문적 기술을 기쁜 소식을 전하라는 주님의 명령을 완수하는 데 사용할 때, 가르치고 관리하는 일은 소명이 됩니다. 복음을 선포하고 주님의 이름으로 행하라는 것은 주 예수님의 부르심입니다. 마르코 복음에 따르면, 주 예수님은 이 사명을 받아들이는 교육자와 함께 일하시며 기적들을 통해 그들의 증언을 확인해 주십니다(마르 16,20).

마르코의 이야기는 교육의 탁월성은 하느님께서 교사와 관리자의 모든 행동을 통해 청소년들에게 말씀하실 때 드러난다는 점을 가톨릭 교육자들에게 알려 줍니다. 가톨릭 교육자는 하느님께서 자신의 구원 말씀을 선포하도록 부르고 위임하신 사람입니다. 가톨릭 교육자에게 가장 중요한 성경적 도전은, 마르코가 강조했듯이, 부활하신 주님이 제자들을 통해 청소년들에게 하느님의 구원 말씀을 선포하실 수 없고 또 그렇게 하지 않으신다는 불신앙의 흔적에서 벗

당신이 교육이나 행정을 위해 임용이 되었을 때,

- 임용계약서의 내용은 당신이 주로 '무엇을' 해야 하는지에 대한 설명이었습니까? 아니면 학교 내에서 당신 업무가 '당신이 하는 일을 왜 하는지', 즉 가톨릭 교육자로서의 소명과 관련된 내용이었습니까?
- 학교 공동체에 처음 소개되었을 때, 다른 교육자들이 공유하는 사명에 참여할 권한을 부여받았습니까?
- 교육자의 소명에 대한 성경적 토대가 학교 공동체의 모든 구성원에게 더 분명히 전달될 수 있도록 성경적 이미지를 실천에 옮길 방법을 제안해 보십시오. 예를 들어, 면접 과정이나 평가 과정에 이러한 성경적 이미지가 어떻게 적용될 수 있습니까?

어나는 것입니다.

주 예수님에 대한 신앙은 가톨릭 교육자 소명의 핵심입니다. 마르코가 가톨릭 교육자에게 던지는 질문은 이것입니다. 당신은 이를 믿으며, 당신이 학교에서 하는 일의 기초로 삼고 있습니까?

• 마태오 복음

마태오 복음의 사명 부여에 관한 이야기(28,16~20)는 제자 됨에 관한 두 가지 추가적 관점을 제시하며 특히 가톨릭 교육자의 소명과 관련된 관점들입니다.

마태오 복음은 이 장면에 대해 다음과 같이 전합니다.

> *16* 열한 제자는 갈릴래아로 떠나 예수님께서 분부하신 산으로 갔다.
>
> *17* 그들은 예수님을 뵙고 엎드려 경배하였다. 그러나 더러는 의심하였다.
>
> *18* 예수님께서는 그들에게 다가가 이르셨다. "나는 하늘과 땅의 모든 권한을 받았다.
>
> *19* 그러므로 너희는 가서 모든 민족들을 제자로 삼아, 아버지와 아들과 성령의 이름으로 세례를 주고,
>
> *20* 내가 너희에게 명령한 모든 것을 가르쳐 지키게 하여라. 보라, 내가 세상 끝날까지 언제나 너희와 함께 있겠다."

위 발췌 구절에서 마태오 복음은 마르코 복음과 매우 유사하게 들립니다. 우선, 마태오는 주 예수님께서 성부의

교사와 관리자는 업무를 시작한 첫 몇 주 동안은 종종 자신의 권위를 내세울 필요가 있다고 느낍니다.

- 학생이나 동료 교사가 개인적인 문제에 관해 당신과 함께 이야기 나눈 사례를 제시할 수 있습니까? 그들이 당신을 선택한 이유는 무엇이었습니까?
- 이 경우 당신은 자신의 권위를 내세울 필요성을 느꼈습니까? 아니면 특정 상황에서 그들에게 무엇이 필요한지에 더 신경을 썼습니까?
- 이 상황은 가톨릭 교육자가 지닌 권위의 원천에 대하여 무엇을 시사한다고 할 수 있습니까?

전적인 권위를 소유하고 있음을 강조합니다. 둘째, 마태오는 독자들에게 열한 제자가 세례를 베풀어 모든 민족을 제자로 삼고 주 예수님께서 명령하신 모든 것을 지키도록 가르치라는 사명을 받았음을 상기시킵니다. 셋째, 열한 제자가 온 세상에 나아가 주님의 말씀을 선포할 때 주 예수님께서 그들과 함께하신다는 확신을 줍니다.

그러나 마태오의 이야기는 제자의 부르심과 가르치는 사명의 원천이 성부로부터 온다는 점을 강조합니다. 교육자를 인증하는 공공 기관에서 교육과 행정 권한을 부여하는 국가에 거주하는 교육자들은 국가가 요구하는 인증 요건이 교육과 행정에 대한 소명과 사명보다 더 큰 관심을 받는 경우가 많습니다. 그러나 마태오는 가톨릭 교육자들에게 그들 권위의 원천이 자격증으로 정의되지 않는다는 점을 상기시킵니다, 그 대신, 그들의 권위는 하느님께서 청소년 교육을 위해 부르시고 위임하신 선물입니다.

또한 마태오는 복음에 대한 충실성이 진정한 가르침의 특징이라는 개념을 강조합니다. 현세대에 양성된 제자들은 다음 세대에 복음을 선포할 교사들이 되기 때문에, 가톨릭 교육자들은 열한 사도와 마찬가지로 예수님처럼 가르칠 중대한 책임을 지고 있습니다. 요컨대, 그들의 가르침은 주님의 가르침과 마찬가지로 아버지와의 살아 있는 관계에서 비롯된다는 점에서 진정성을 갖습니다. 교육자 안에 머무르시며 그들을 통해 권위 있게 가르치시는 분은 바로 하느님이셔야 합니다.

따라서 마태오는 사명 부여 장면에서 가톨릭 교육자에게 가장 중요한 도전은 하느님과의 관계가 그들이 하는 일의 중심이 되고 그 관계가 그들의 삶에 스며들게 하는 것이라고 강조합니다. 좋은 교사나 관리자가 되는 것만으로는 충분하지 않습니다. 가톨릭 교육자에게 하느님과의 생기 넘치는 살아 있는 관계는 가르치고 관리하는 권위의 기초이며 그들이 하는 일의 본질적인 목적이 됩니다.

• 요한 복음

요한 복음(20,19~23)은 사명 부여의 장면을 또 다른 방식으로 소개합니다.

> *19* 그날 곧 주간 첫날 저녁이 되자, 제자들은 유다인들이 두려워 문을 모두 잠가 놓고 있었다. 그런데 예수님께서 오시어 가운데에 서시며, "평화가 너희와 함께!" 하고 그들에게 말씀하셨다.
>
> *20* 이렇게 말씀하시고 나서 당신의 두 손과 옆구리를 그들에게 보여 주셨다. 제자들은 주님을 뵙고 기뻐하였다.
>
> *21* 예수님께서 다시 그들에게 이르셨다. "평화가 너희와 함께! 아버지께서 나를 보내신 것처럼 나도 너희를 보낸다."
>
> *22* 이렇게 이르시고 나서 그들에게 숨을 불어넣으며 말씀하셨다. "성령을 받아라.
>
> *23* 너희가 누구의 죄든지 용서해 주면 그가 용서를 받을 것이고, 그대로 두면 그대로 남아 있을 것이다."

요한의 사명 부여 이야기에 담긴 내용은 마르코와 마태오에 기록된 것과 크게 다릅니다. 요한의 이야기는 그리스도교 제자 됨의 본질, 특히 제자인 교육자로서의 소명에 대한 추가적인 관점을 제공합니다. 요한에 따르면, 성부께서 하느님의 구원 메시지를 선포하기 위해 아들을 보내셨듯이 주 예수님께서도 성령을 제자들에게 불어넣으시어 그들이 복음 선포의 소명을 완수할 수 있도록 하셨습니다.

이 이야기에서, 요한은 제자들의 불신이나 제자들의 사도직에 수반될 기적의 증거에 초점을 맞추지 않습니다. 권위 있는 가르침이나 제자와 아버지의 관계를 강조하지도 않습니다. 마르코와 마태오의 이미지와는 대조적으로 요한은 성령의 능력과의 관련성을 강조합니다. 주 예수님께서 제자들을 통해 계속해서 효과적으로 일하신다는 사실을 증거하는 분은 바로 성령이십니다.

가톨릭 교육자는 그리스도를 증거하고 그분의 성령으로부터 힘을 얻습니다.

- 하느님께서 여러분을 가톨릭 교육자로 부르셨다고 믿습니까?
- 하느님의 부르심에 응답하기 위해 포기한 것들은 무엇입니까?
- 가톨릭 교육자로 일하면서 내 안에서 일하시는 그리스도를 가장 많이 경험한 때는 언제입니까?
- 그리스도의 구원 신비에 참여하도록 초대해 주신 하느님께 감사하는 기도를 바쳤던 경험을 소개해 보십시오.

성령께서는 제자들의 삶에서 어떻게 나타납니까?

요한에게 그 답은 간단합니다. 제자들은 성령의 힘을 입어 형제자매의 짐을 덜어 줍니다(20,23). 제자들 안에 머무시는 성령의 능력은 제자들이 죄를 용서하고 남자와 여자를 하느님의 자녀로 창조하실 때 주신 생명으로 회복시킬 수 있게 해 줍니다. 성령의 힘을 입은 제자들은 사람들을 짓누르는 것들을 들어 올려 하느님의 아들과 딸로서 누릴 수 있는 자유를 경험하게 합니다. 이러한 요한의 관점은 가톨릭 교육자의 소명이 치유 사도직과 깊은 연관이 있음을 시사합니다. 학교에서 가르치고 관리하는 주요 업무는 교육적인 것뿐 아니라, 더 중요하게 청소년들이 하느님의 아들딸로서 누려야 할 자유를 경험하는 삶의 질을 회복하게 돕는 일입니다. 따라서 가톨릭 교육자의 소명은 청소년을 짓누르는 악의 힘으로부터 그들을 해방시키는 어려운 일에 자신을 바치는 예언자적 사도직입니다. 가톨릭 교육자들은 죄로 인한 악을 치유하고 청소년에게 구원의 선물을 제공하는 것을 주요 업무로 여깁니다.

• **사도행전**

요한 복음의 증언에 비추어 볼 때, 어떤 가톨릭 교육자들은 이렇게 궁금해할 수 있습니다. "성령께서 언제 이 놀라운 일들을 행하러 오실까요?" 사도행전은 예수님께서 제자들에게 "그때와 시기는 아버지께서 당신의 권한으로 정하셨으니 너희가 알 바 아니다. 그러나 성령께서 너희에게 내리시면 너희는 힘을 받아, 예루살렘과 온 유다와 사마리아, 그리고 땅 끝에 이르기까지 나의 증인이 될 것이다"(사도 1,7~8)라고 말씀하신 내용을 전하면서 이 질문에 직접 답하고 있습니다.

사도직을 통해 가톨릭 교육자들은 다른 이들이 겪는 짐을 덜어 줍니다.

• 가톨릭 교육자로서의 경험을 되돌아보십시오. 다른 사람들에게 부담이 되었던 문제를 해결하도록 도왔던 사례를 소개할 수 있습니까?

요한 복음사가와 마찬가지로 사도행전의 저자는 제자들에게 가장 중요한 것은 '시간'(언제)이 아니라고 강조합니다. 오히려 제자들은 지금 여기에서 자신이 하는 일을 통해 주 예수의 현존에 집중해야 합니다. 주 예수님에 대한 변함없는 신앙을 가진 사람들에게는 주님께서 재림하는 날과 시간을 미리 아는 것이 중요하지 않습니다. 주님의 제자들은 성령의 능력을 통해 세상 끝 날까지 주님의 이름으로 주님의 장소에서 활동할 힘을 얻습니다.

성경의 명령은 분명합니다. 가톨릭 교육자의 소명은 멀리 희망적인 미래가 아니라 지금 여기에서 하느님 나라의 실제에 영향을 미치라는 도전입니다. 단순히 학생들을 위해 무엇을 할 수 있을지 상상하거나 희망하는 것만으로는 충분하지 않으며, 아무것도 할 수 없다는 사실에 좌절하고 절망한 채 교실과 학교로 돌아가는 것은 더더욱 바람직하지 않습니다. 가톨릭 교육자들은 주 예수님의 제자로서 학생들의 삶에 깊이 관여하도록 불림을 받았습니다. 그렇지 않으면 악은 그 힘을 드러낼 것입니다.

가톨릭 교육자들은 훈련된 전문가이기 때문이 아니라 주님께서 그들과 함께하신다는 신앙을 지녔기 때문에 이 일을 하는 것입니다. 그들이 부활하신 주님의 이름으로 주님을 대신하여 복음을 권위 있게 가르치기 때문에 약속된 구원은 지금 여기에서 성취됩니다.

• 요약: 가톨릭 교육자의 소명 — 성경적 성찰

우리가 검토한 성경 텍스트들은 가톨릭 교육자가 자신의 성소를 성찰하고 학교 안에서 자기 업무에 대한 거룩한 부르심을 더 권위 있게 표현할 수 있는 다양한 관점을 제공합니다. 각 텍스트는 다른 텍스트들을 함께 검토할 때 참된 제자의 풍부한 모습을 형성하는 고유한 관점을 제공합니다.

이 모습은 첫째, 제자가 주 예수님의 부름을 받았다는 점을 제시합니다. 주님께서 제자들에게 복음을 선포하기 위한 사명을 주시고 세상에 파견하신 것은 이 거룩한 부르심의 맥락 안에 있습니다. 또한 이 모습은 제자 됨은 단순히 불림을 받고 사명을 받아 파견되는 것 이상임을 포함합니다. 이에 더하여, 제자들은 성령의 힘을 통해 죄를 용서함으로써 생명을 되살리고 세상 끝 날까지 모든 사람을 제자로 삼을 수 있습니다. 각 제자의 사도직을 통해 새로운 제자들이 모든 민족을 가르치라는 부르심에 기꺼이 응답하면서 주님의 메시지는 매 세대에 계속 선포됩니다.

이 성경 텍스트에 담긴 가장 강력한 아이디어는 제자들의 사명에 관한 것입니다. 주 예수님은 제자들에게 관상적 성찰과 고독의 기도에 삶을 바치라고 부르지 않으십니다. 대신 주님은 제자들을 현실 세계로 파견하십니다. 제자들은 하느님 아버지와 친밀한 관계를 나누면서 동시에 현실적 필요와 문제를 가진 사람들에게 복음을 선포하며 자신의 사명을 성취하는 '적극적인 관상가'가 되어야 합니다. 그들의 사명은 사람들에게 성령을 통한 치유를 제공하는 것입니다.

이러한 성경적 토대는 진정한 제자 됨에 필요한 요소를 성찰할 수 있는 규범적 틀을 제공합니다. 하느님께서 청소년 교육으로 부르신 제자들에게 부여된 중요한 필수사항은 기계적이며 즉각적인 의사 결정보다 그들이 학교에 함께 수행할 선교 사명에 관한 신중한 탐구의 영역으로 나아갈 수 있는지에 관한 것입니다. 가톨릭 교육자들은 제자로서 『예수님처럼 가르쳐라』(*Teach as Jesus Did*, 미국 가톨릭 주교회의, 1972, 1984)라는 하느님의 부름에 근거하여 신중하고 도덕적인 의사 결정을 내립니다. 교사와 관리자는 집단적인 말과 행동(그들이 하는 일)을 통해 서로에게 그리고 학생들에게 부활하신 주님의 살아 계신 현존을 상징합니다(그들이 일하는 이유). 이 제자들은 복음 안에서 모든 세대를 위해 하느님 나라의 문화를 몸으로 체화하여 전달합니다.

다음 장에서는 초점을 성경에 대한 성찰에서 교회 전승, 특히 19세기와 20세기의 교육 문제와 관련된 교회 전승으로 전환할 것입니다. 특히, 실용주의가 확산하는 환경 속에서 지역 가톨릭 공동체가 자녀들의 도덕적·지적 양성을

성경은 가톨릭 교육자의 영성에 대한 통찰을 제공합니다.

- 학교의 교사와 관리자는 자신의 부르심에 대한 성경적 토대에 더 효과적으로 집중하기 위해 무엇을 할 수 있습니까?
- 학교 공동체의 모든 구성원이 자신의 부르심과 예수님처럼 가르친다는 것이 무엇을 의미하는지 더 잘 이해할 수 있도록 교육자들은 어떤 사명을 받았습니까?
- 가톨릭 교육자의 거룩한 부르심에 관한 성경적 토대가 교사와 관리자를 평가하는 데 시사하는 바는 무엇입니까?
- 어떻게 하면 연례 평가를 교육자의 성소에 초점을 맞춘 양성의 경험으로 만들 수 있습니까?

위해 제공해야 할 긴급한 필요가 있는 교회의 사상에 집중할 것입니다. 마지막으로, 특히 지난 두 세기 동안 미국 가톨릭 공동체의 맥락 안에서 정교하게 발전해 온 이러한 사상이 가톨릭 교육자들에게 어떤 시사점을 주는지에 대해 생각해 보겠습니다.

다음 세 장은 독자들이 교회 전승의 주요 자료에 익숙해지도록 구성되어 있으므로, 일부 독자는 자세한 텍스트 분석을 건너뛰고 다음 세 장의 마지막 부분에 있는 요약으로 넘어가는 것이 자신의 목적에 더 적합할 수 있습니다. 이 전승에 대한 개요는 매우 실제적인 문제, 즉 가톨릭 교육 실천에 대한 신학적 덕목과 그 함의에 관한 우리의 성찰을 소개하는 서론의 역할도 할 것입니다.

성경에 이어, '가르치는' 교회(곧 교도권)의 문헌들은 가톨릭 문화가 한 세대에서 다음 세대로 전승되는 둘째 수단입니다.

- 교사 연수 과정에서, 교회 전승이 당신의 교육적 실천을 성찰하고 평가하는 데 어떻게 도움이 되는지 제안받거나 구체적으로 보여 준 적이 있습니까?
- 교육자로서 당신의 삶과 일을 성찰하거나 다른 사람들이 어떤 문제에 접근할지 논의할 때 교회 가르침을 사용한 적이 있습니까?
- 교육자로서 '당신이 하는 일'이 교회 전승이 전하는 청소년 교육에 관한 관점과 어떻게 연결되어 있는지 설명할 수 있습니까?
- 이러한 사실을 고려할 때, 당신은 교직이 '직업'에 더 가깝다고 믿습니까, 아니면 '소명'에 더 가깝다고 믿습니까?

제2차 바티칸 공의회 이전 교회의 신학적 관점

제자들의 사명 부여에 관한 성경 이야기는 가톨릭 교육자에게 그리스도교 공동체가 초기부터 구성원들에게 복음을 교육하는 데 얼마나 큰 관심을 기울여 왔는지 상기시켜 줍니다. 신앙을 가르치는 일은 그리스도교 공동체의 주요한 과업이었으며 앞으로도 계속될 것입니다. 이러한 성경 이야기는 가톨릭 교육자들에게 그들의 소명이 교회의 미래를 위해 가장 중요한 일임을 일깨워 줍니다. 그들은 다음 세대의 제자를 양성하는 막중한 책임을 위임받은 제자들입니다.

15세기 초반 동안 청소년 교육에 대한 교회의 전반적인 태도는 서구 문화와 비슷했습니다. 이러한 태도는 반종

교개혁 시대, 특히 민주주의 형태의 정부가 등장하고 교육 문제에 대한 담론에서 공리주의 철학이 자리를 잡기 시작한 계몽주의 시대 이후 점차 변화하기 시작했습니다. 결국 19세기 초, 시민 당국은 국가가 지원하는 학교에서 종교 교육을 배제하도록 의무화하기 시작하면서, 교회는 청소년에게 가장 적합한 교육 프로그램이 무엇인지에 대한 격렬한 논쟁에 휘말리게 되었고, 이 논쟁은 오늘날까지도 계속되고 있습니다.

비록 이 논쟁에서 시민 당국과 교회 지도자들이 맞서게 된 것은 불행한 일이었지만, 양측이 교육과정에서 교육자들이 수행하는 중요한 역할에 초점을 맞추었기 때문에 교육적으로는 운이 좋았다고 할 수 있습니다. 시민 당국의 관점에서 교사들은 세속 국가의 대리인, 즉 고용된 전문가입니다. 왜냐하면 교사들은 청소년이 성인이 되었을 때 시민으로서 책임을 다하는 데 필요한 지식, 기술, 가치를 가장 잘 전달하는 방법에 대한 교육을 받았기 때문입니다. 반면, 교회 지도자들이 교육자를 바라보는 관점은 매우 다릅니다. 남녀 교사들은 청소년에게 '진정한' 교육 프로그램을 제공하는 중요한 역할을 하며, 그들은 청소년이 이 세상의 성인 시민으로서뿐 아니라 하느님 나라의 구성원으로서 책임을 다할 수 있도록 도덕적이며 지적인 양성을 제공하는 핵심적인 요소입니다. 이러한 두 대조적인 관점은 각자의 교육 실천에 깊은 영향을 미칩니다.

매우 복잡하게 얽힌 역사에 대한 일반적 소개를 마치고, 이제 제2차 바티칸 공의회 이전 교회(1800~1960년경)와 제2차 바티칸 공의회 이후 교회(1960~1990년경)의 두 시대에 발행된 교회 문헌들을 자세히 살펴보도록 하겠습니다. 이 두 시기는 교육 문제에 대한 교회의 사상적 흐름을 구분하는 이분법적 시기가 아닙니다. 오히려 두 시기는 교회가 청소년 교육에 관한 신학적 근거를 공식화하고 가톨릭 교육자의 소명을 명확히 하는 토대를 마련했으며, 교육을 단순한 '수업'이 아닌 '양성'으로 묘사하는 교육 비전을 장려한 발전적 시기였습니다.

- **19세기 중반**

가톨릭 교육자의 소명에 관한 논의는 19세기 중반 유럽에서 국가가 공립학교에서 종교 교육을 배제하는 교육 법안을 제정하기 시작하면서 교회 문서에서 뚜렷한 주제로 등장하기 시작했습니다.

이 법안이 내세우는 표면적인 가치의 근거는 간단합니다. 청소년 교육은 공공성의 문제이므로 국가의 규제를 받아야 한다는 것입니다. 청소년 교육에 대한 국가의 관심은 궁극적으로 실질적인 실용성에 근거하며 이는 청소년이 성숙한 시민으로서 시민의 책임을 다하는 데 필요한 지식, 기술, 가치를 국가가 어떻게 가장 잘 제공할 수 있는지에 관한 것입니다.

그러나 이러한 근거에는 부모, 교회, 국가 간의 관계, 특히 청소년 교육과 관련된 관계를 어떻게 구성해야 하는지에 대한 근본적인 변화가 내재되어 있습니다. 예를 들어 국교가 있거나 정부가 사립학교를 지원하는 경우와 같이 세 주체가 적극적으로 협력하는 사회적·정치적 맥락에서는 교회와 국가가 협력하여 부모가 자녀에게 원하는 교육 프로그램을 제공함으로써 부모의 권리가 보장됩니다. 그러나 국가가 교육 문제를 입법화하고, 특히 국가가 지원하는 학교에서 종교 교육을 제외할 때, 시민 당국은 부모나 교회의 권리(또는 둘 다)를 빼앗아 국가의 권리에 복종하도록 강요합니다. 이는 부모가 국가 지원 학교를 거부하고 자녀를 사립학교에 보낼 경제적 능력이 없는 경우 더욱 두드러집니다.

청소년 교육에서 정부의 헤게모니에 대한 첫 번째 도전 중 하나는 비오 9세(1864, 1979)가 프리부르(Fribourg) 대주교에게 보낸 서한에서 나타납니다. 이 서한에서 교황은 교육자와 종교 당국이 공립학교에서 신앙의 완전성을 옹호하는 것을 배제하는 '비뚤어진' 철학에 대해 강하게 비난했습니다. 비오 9세에게 이 문제 즉, 청소년에게 최상의 교육을 제공하는 방법은 이 논쟁에서 논란이 되었던 근본적인 원칙, 즉 정부가 청소년 교육에 관한 문제에서 부모와 교회의 권리를 통제할 절대적 권리가 있는지에 대한 질문을 넘어서는 것이었습니다.

비오 9세에게 있어, 종교는 공교육의 세속화를 주장하는 사람들이 옹호하는 것처럼 엄밀히 말해 사적인 문제가 아니었습니다. 대신 교황은 종교는 지극히 공적인 문제이며, 성인들에게 시민으로서의 도덕적 책임을 알려 주는 역할을 한다고 주장했습니다. 비오 9세에게 제정된 법안은 단순히 학교에서 종교 교육을 배제하는 것이 아니라, 청소년 교육에 대한 부모와 교회의 권리 및 공공 문제에서 종교가 수행해야 할 역할에 대한 정면 공격이었습니다. 만약 학교가 청소년들에게 진지한 도덕적 양성 프로그램을 제공하지 않는다면, 학생들은 세속화된 분위기 속에서 세속 국가의 성인 시민으로서뿐만 아니라 더 중요한 하느님 나라의 시민

19세기에 세속주의가 확산하면서 청소년의 지적 양성이 종교적 양성보다 우위를 점하기 시작했습니다. 불과 한 세기 후인 지금 우리는 다음과 같은 질문을 스스로에게 던져야 합니다.

- 당신의 직무 전 교육은 학생의 지적 능력뿐만 아니라 도덕적 능력을 교육하는 데에도 관심을 기울였습니까?
- 당신이 임용되었을 때, 학생의 종교적인 양성에 대한 비전에 대해 논의하거나 도전을 받거나 확실한 언급이 있었습니까?
- 당신은 일상 업무 중 학생들에게 도덕적 또는 지적 양성을 제공하는 데 몰두하고 있습니까? 학생들에게 가장 필요한 것은 무엇이라고 생각하십니까?
- 당신이 받은 지속 교육은 주로 청소년 교육과 관련된 도덕적(소명적) 문제 또는 수업의 (전문적) 문제에 중점을 두었습니까?
- 이러한 질문들은 여러분에게 직업으로 어떤 도전을 제기합니까?

으로서 권리와 책임을 행사할 수 있는 도덕적 기준을 갖추지 못할 것입니다.

비오 9세가 유럽 대륙에서 학교 커리큘럼의 세속화에 반대하는 동안 미국에서는 공립학교 교육청이 공립학교에 다니는 학생들에게 범 개신교적 종교 교육 프로그램을 의무화하면서 정반대의 상황이 나타났습니다(Tyack & Hansot, 1982). 안타깝게도 당시에는 정중함을 중시하는 분위기가 아니었습니다. Lannie와 Diethorn(1968)의 기록에 따르면, 필라델피아 교구의 Kenrick 주교는 과격하고 파괴적인 반가톨릭적 폭동이 발생한 원인을 필라델피아 공립학교에서 가톨릭 학생들에게 개신교 성경을 읽고 개신교 찬송가를 부르라고 강요했기 때문이라고 보았습니다. 뉴욕에서는 대체로 정중함이 유지되는 분위기였지만, Lannie와 Diethorn에 의하면, 뉴욕 교구의 John Joseph Hughes 주교는 자신의 권한을 발휘하기 위해 필요한 여러 정치적 방법들을 동원했습니다.

그러나 결국 두 주교는 의도치 않게 가톨릭 청소년들이 개신교에 세뇌되지 않도록 공립학교에서 종교 수업을 배제해야 한다는 명분을 옹호해야 하는 골치 아픈 상황에 처하게 되었습니다. 이로 인해 가톨릭 교육 역사상 가장 아이러니한 일이 발생했는데, 비오 9세가 학교 커리큘럼에서 종교 교육을 배제하려는 유럽의 시민 당국에 맞서 싸우는 동안, 미국 주교인 Kenrick과 Hughes는 공립학교 교육과정에 비록 비종파적 프로그램이지만 종교 교육을 포함하려는 신대륙인 미국의 시민 당국자들과 논쟁을 벌이고 있던 것입니다!

이 논란이 극에 달하자 비오 9세(1875, 1979)는 미국 주교들에게 보내는 지침을 통해 이 논쟁에 개입했습니다. 이 지침에서 교황은 종교 교육을 배제하는 공립학교는 "내재적으로 위험하다"라고 강조했습니다. 이는 청소년들이 종교가 시민의 의무 수행에 기여하는 바에 대한 인식 없이 성장할 수 있기 때문입니다. 비오 9세는 청소년의 신앙과 도덕에 대한 이러한 위험, 즉 '왜곡에 가까운' 위험을 해결하기 위해 가톨릭 부모들이 가톨릭 신앙을 보존하는 것이 가장 시급한 문제라는 점을 깨달아야 한다고 강조했습니다. 또한 교황은 필요하다면 가톨릭 청소년들이 가톨릭의 가르침과 도덕 원칙에 정통하고 이를 반영하는 방식으로 교과목을 접할 수 있도록 가톨릭 학교를 설립하라고 지시했습니다.

돌이켜 보면 비오 9세의 비전은 예언적이었습니다. 그는 학교 교육과정의 세속화가 청소년에게 미칠 위협을 미리 예견했습니다. 하지만 교황이 선택할 수 있었던 것은 교황 명의의 문서들을 발표하는 것에 국한되어 있었습니다. 실제로 비오 9세가 할 수 있는 것은 가톨릭 교계 전체가 도덕적 권리를 더 중시하고 더 강력하게 행사할 것을 권고하는 것이 전부였습니다. 이미 정부가 부모와 교회의 권리를 침해한 사회, 예를 들어 미국에서는 교황이 할 수 있는 일은 부모에게 가까운 가톨릭 학교에 자녀들을 보내거나 가톨릭 학교가 없는 곳에 가톨릭 학교를 세우라는 것이 전부였습니다.

비오 9세 교황은 미국 가톨릭교회 공동체에 9년 후인 1884년 제3차 볼티모어 공의회에서 가톨릭 학교 설립을 법제화할 수 있는 토대를 마련했던 인물로 기억됩니다. 또한 가톨릭 교육자들에게는 세속화된 교육과정이 청소년에게 미칠 해로운 영향 그리고 청소년들이 성인 시민으로서 공적 책임을 수행할 때 세속화가 국가에 미칠 해로운 영향을 예견하고 예고한 교황으로 남아 있습니다.

비오 9세 교황의 관점은 교사와 관리자가 단순히 청소년이 성인 시민으로서 시민적 책임을 다하기 위해 필요한 세속적 지식, 기술, 가치를 전달하는 데 그치지 않는다는 개념에 기반을 두고 있습니다. 그에 따르면, 교육자는 훨씬 더 본질적 목적을 수행합니다. 학교에서 교육자인 학부모 대표들, 교사들과 관리자들은 교실과 학교를 부모가 자녀에게 주고자 하는 도덕적·지적 양성을 받을 수 있는 장소로 만들 책임이 있습니다.

오늘날에도 가톨릭 교육자들에게 비오 9세 교황의 도전은 여전히 유효합니다. 공교육의 세속화는 학부모와 그들의 대표에게 무엇을 의미할까요? 청소년에 대한 그들의 도덕적 의무는 무엇일까요?

• 19세기 후반

비오 9세의 뒤를 이어 1878년부터 1903년까지 재위했던 레오 13세는 청소년 교육 문제에서 교회의 가르침을 더욱 정교하게 다듬었습니다. 그러나 레오 13세는 교황 재위 9년째가 되어서야 부모, 교회, 국가의 교육적 권리와 책임에 대한 교회의 입장을 담은 문헌인 「가장 거룩한 임무」(*Officio sanctissimo*, 1887, 1979)를 발표했습니다. 이 문헌은 오늘날처럼 교육 문제에서 권리와 책임에 대해 많은 혼란이 존재하는 시대에 부모, 교회, 국가가 지닌 권리들의 올바른 관계를 성찰할 수 있는 훌륭한 개요를 제시합니다. 또한 문헌은 교육자들이 자신의 사도직을 성찰할 수 있는 논리정연한 철학적·신학적 근거를 제공합니다.

「가장 거룩한 임무」에서 교황 레오 13세는 19세기 후반에 이르러 청소년 교육과 관련하여 부모, 교회, 국가의 권리에 대한 전통적 개념을 개괄적으로 설명했습니다(11항 참조). 부모는 신앙과 도덕의 문제에 대해 자녀를 교육할 거룩한 의무를 지닙니다. 이러한 의무는 자녀의 공동 창조자로서의 하느님과 함께하는 부모의 역할에서 비롯됩니다. 청소년 교육에 대한 부모의 권리는 태초부터 신성한 것이며, 이는 다른 어떤 권리에 우선합니다.

교회 역시 청소년 교육에 대한 권리를 갖고 있지만, 이 권리는 부모의 권리에 비해 부차적입니다. 교회는 모든 민족에게 복음을 전할 의무를 지닌 거룩한 기관으로서 자녀에게 도덕적 양성을 제공하려는 부모의 노력을 지원할 의무가 있습니다. 특히 국가가 부모에게 자녀를 도덕적 양성을 제공하지 않는 학교에 보내도록 강요할 때, 교회의 권리를 주장해야 할 의무가 있습니다. 예를 들어 부모가 교육적 책임을 소홀히 하거나 자신의 의무를 제대로 이해하지 못하는 심각한 상황에서는 부모의 태만으로 청소년의 신앙과 도덕이 직접적인 위험을 초래하기 때문에 교회의 권리는 부모의 권리에 우선합니다.

또한 레오 13세는 교육받은 시민이 궁극적으로 국가를 발전시키고 완성하기 때문에 국가가 청소년 교육에 부차적이지만 권리를 가진다는 견해를 지지했습니다. 그러나 교황은 국가가 지성의 영역에만 관심을 가질 수는 없다고 주장했습니다. 젊은이들이 도덕적인 양성을 받을 수 있도록 하는 것이 국가의 권리를 가장 잘 사용하는 것이라고 강조했습니다. 이러한 논리가 지향하는 결론은, 국가는 궁극적으로 부모가 자녀에게 도덕 교육을 제공하고자 할 때 이를

레오 13세 교황은 청소년 교육에 관여하는 세 협력자 사이에 이상적인 관계를 제시했습니다.

- 당신이 부모를 대리한다고 가정할 때, 당신은 어떤 방식으로 부모들과 적극적으로 협력하겠습니까?
- 부모의 권리에 대한 레오 13세의 비전에 비추어 볼 때, 오늘날 청소년들에게 더 참된 교육 경험을 제공하기 위해 동료 교사들을 어떻게 독려할 수 있겠습니까?
- 부모가 원하는 교육 프로그램을 학생들에게 제공하기 위해 교회와 국가가 부모들을 가장 잘 지원할 수 있는 방법들을 제시해 보십시오.

지원할 의무가 있다는 것입니다.

교황 레오 13세는 가톨릭 학교와 같이 부모, 교회, 국가의 교육적 권리가 통합될 때 청소년들이 '참된' 교육을 받을 수 있다고 재확인했습니다. 이 교육과정은 자연적 진리와 계시된 진리를 통합하여 궁극적으로 진정한 인간 자유를 증진합니다. 그러나 이러한 결과는 학문이 신앙의 도움을 받는 경우에만 가능합니다(레오 13세, 1897, 1979).

비록 「가장 거룩한 임무」는 교황 레오 13세의 사회회칙 「새로운 사태」(*Rerum Novarum*)에 가려졌지만, 가톨릭 교육철학의 발전을 이해하는 데 중요한 회칙입니다. 이 회칙은 청소년의 도덕적·지적 완성을 위해 부모, 교회, 국가가 협력해야 할 공동의 의무와 관심사를 설명하는 철학적·신학적 근거를 제시합니다. 또한 신앙의 요구와 이성의 요구간의 균형을 맞추고 진정한 자유를 증진하는 통합적 교육과정을 장려합니다. 따라서 참된 교육자는 학생들에게 사적 및 공적 생활에서 실천할 수 있는 도덕적·지적 교육을 통합한 교육 프로그램을 제공해야 합니다.

「가장 거룩한 임무」는 가톨릭 교육자들에게 학교에서의 사도직에 대한 포괄적인 비전을 제시한다는 점에서도 중요한 회칙입니다. 가톨릭 교육자들은 청소년 교육에 대해 확고한 권리를 가진 두 공동체 즉, 국가의 시민 공동체와 교회의 신앙 공동체의 구성원으로서 부모·교회·국가라는 서로 다른 (때로는 상충하는) 세 권리에 봉사하고 이를 보호해야 합니다. 가톨릭 교육자들이 이러한 권리의 균형을 성공적으로 맞출 때, 청소년들은 이 세상에서뿐만 아니라 하느님 나라의 시민으로서 권리와 책임을 다할 수 있는 도덕적·지적 양성을 받게 됩니다.

• 20세기 초

비오 10세는 11년(1903~1914)에 걸친 교황 재위 초기에 발표한 회칙 「그리스도교 교리를 가르치는 것에 관하여」(*On the Teaching of Christian Doctrine*, 1905, 1946)에서, 많은 그리스도인이 풍부한 세속적 지식을 갖고 있음에도 불구하고 "종교에 대해서는 성급하고 경솔하게 살고 있다"(1905, 1946, pp.3~4)라고 단호하게 말했습니다. 그는 또한 너무 왜곡된 상황 속에서 "우리 시대의 대다수가 제대로 교육을 받지 못했다"(p.13)라고 주장했습니다.

교육자는 말과 행동으로 가르칩니다.

- 당신의 말과 행동이 청소년들에게 진정한 그리스도인의 실천을 가르치는 교리가 되고 있습니까?
- 교정이 필요한 학생이나 동료 교육자를 대할 때 당신은 그들이 자신의 삶을 새롭게 재형성할 수 있도록 기꺼이 지도할 수 있습니까?
- 당신이 학생과 동료가 제기한 정당한 비판을 기꺼이 받아들였던 상황을 설명해 보십시오.

교황 비오 10세는 이 어려운 상황을 해결하기 위해 놀랍게도 지역 본당의 사목자들에게 초점을 두었습니다. 교황은 본당 사목자들에게 청소년 교리교육의 의무를 소홀히 하지 말라고 당부하면서, 그들의 설교가 성인뿐 아니라 더 명확하게 청소년을 대상으로 해야 한다는 점을 상기시켰습니다. 비오 10세의 회칙은 본당 사목자들이 청소년에게 그리스도교 신앙과 도덕성을 심어 주고 하느님을 향한 열정과 열의를 북돋우며, 더 단순하고 성실한 삶을 살도록 도전해야 한다는 고귀한 목표를 제시했습니다. 또한 교황은 "대체로 사목자들이 교리교육에 관한 연구나 준비에 대해 중요하게 여기지 않기 때문에 교리교육이 많은 이들을 열광시키지 않습니다"(p.9)라며 사목자들이 신중한 연구와 준비 없이 이 직무를 수행해서는 안 된다고 강조했습니다. 요약하자면, 비오 10세는 본당 사제들에게 교리교육을 위한 기술들을 연마하라고 촉구한 것입니다:

사람들이 미숙하고 훈련이 부족하기 때문에 교리교육의 과업을

> 허술하게 수행할 수 있다고 생각하는 사제들은 착각하고 있는 것입니다. 오히려 청중이 교육을 덜 받을수록 그들의 훈련되지 않은 마음에 숭고한 진리를 전달하기 위해 더 큰 열정과 성실함을 발휘해야 합니다. 실제로 숭고한 진리는 사람들의 자연스러운 이해를 훨씬 넘어서지만 교육을 받지 못한 사람과 교양 있는 사람 모두가 영원한 행복에 도달하기 위해 반드시 알아야 하는 진리입니다.
>
> (1905, 1946, p.14)

이 회칙의 어조는 '우리 대 그들'이라는 사고방식을 반영하고 있지만, 당시 유럽 교육자들이 향후 두 세대 동안 유럽 대륙을 두 차례의 파괴적인 전쟁으로 몰아넣는 중대한 결정을 내리는 성인이 될 젊은이를 교육하고 있었다는 사실을 상기하면 매우 충격적입니다. 가톨릭 교육철학의 관점에서 볼 때 비오 10세의 반세속적 태도는 사실 시대의 징조를 예언적으로 읽고 종교적 기반이 없는 철저한 세속적 교육이 어떻게 하느님께서 청지기로 맡기신 세상에 대한 종교적·도덕적 책임을 거의 알지 못하는 미래 세대를 낳게 될지를 통찰한 신학적 비판이었다고 할 수 있습니다. 더 나쁘게는, 뉘른베르크 재판[1]의 사례처럼 명령을 따랐다는 이유만으로 자신의 잔혹 행위에 대해 아무런 책임이 없다고 진심으로 믿는 사람들이 생겨날 수도 있습니다.

비오 10세 교황이 사목자들에게 요구한 것은 교육자들 대부분에게 일상 업무의 일부일 뿐입니다. 때때로 교육자들의 가르침은 학생들에게 생활 속에서 신앙을 실천할 것을 권장하는 권고의 형식이나, 도덕적 실명에서 오는 위험에 대해 알려 주는 해설의 형식을 띠기도 합니다. 가톨릭 교육자들은 교단에 서서 그리스도교의 도덕에 대하여 가르칠 때마다 청소년들에게 교리를 가르치고 죄에서 돌이켜 복음을 받아들이며 모든 말과 행동을 통해 덕스러운 행동을 하도록 권고합니다.

하지만 어떤 교육자들은 학생들의 비행이나 부도덕성을 모르는 체하고 청소년의 민감한 문제들은 다른 사람이 바로 잡도록 내버려 두는 게 더 낫다고 믿는 것 같습니다. 그러나 근본적인 도덕성에 대해 가르치지 못한 결과는 교육자들이 간과하기에는 너무 중요합니다. 비오 10세 교황이 지적했듯이, 올바른 도덕적 행위에 대해 가르치지 못한 결과는 오늘날 교실과 학교에서 양성된 성인들이 다른 사람들의 삶(그리고 그들의 국가)에 관한 결정을 내려야 할 때 명백히 드러날 것입니다.

비오 10세 교황은 유럽과 미국 전역에 주재하는 사절단으로부터 받은 보고를 접하고 불안감을 느껴 문제를 과장했을 수 있습니다. 그러나 세속화된 교육 프로그램이 일반인들의 삶에 미치는 영향을 객관적이고 비판적으로 살펴볼 때, 비오 10세가 이 문제에 대해 과장한 것이 아닐 수도 있습니다.

청소년들이 마땅히 받아야 할 도덕적 양성을 박탈당하고 있다는 사실은 비오 10세가 시대의 징조를 정확히 읽었다는 증거입니다. 가톨릭 교육철학의 관점에서 비오 10세 교황의 반세속적 태도는 사실상 세속적인 교육이 하느님께서 청지기에게 맡기신 세상에 대한 공적 책임을 거의 알지 못하는 세대를 어떻게 만들게 될지를 미리 예측하고 정확하게 지적한 신학적 비판이었습니다.

비오 10세는 교육자들에게 진정한 영혼의 사목자답게 오늘날 교실과 학교에서 가르치는 도덕적 원칙이 미래

세대에도 유효하게 적용될 수 있도록 모든 교리교육의 역량을 총동원하고 완성해야 한다는 소명을 일깨워 줍니다. 어느 세대의 어떤 교육자들이 저지른 잘못된 교리교육으로 인한 해로운 영향은 인류에게 감당하기 어려운 큰 대가를 치르게 합니다. 따라서 가톨릭 교육자의 소명은 젊은이들에게 인간 존재와 올바른 행동에 대한 그리스도교적 비전을 가르치는 것입니다. 가톨릭 교육자들은 복음 선포자로서 자신의 중요성을 결코 과소평가해서는 안 됩니다.

• 1920~1930년대

20세기의 첫 20~30년 동안, 비오 11세(1922~1939)는 1929년에 발표한 회칙 「청소년의 그리스도교 교육에 관하여」(*Divini Illius Magistri*, 이하 '거룩한 스승')에서 가톨릭 교육 사상을 종합적으로 정리했습니다. '가톨릭 교육의 대헌장'으로 널리 알려진 이 영향력 있는 문서는 가톨릭 교육의 본질과 목적에 대해 설득력 있게 설명했습니다. 또한 이 교황 서한은 가톨릭 교육자의 소명에 관한 중요한 신학적 성찰을 발전시켰습니다.

교황 비오 11세는 「거룩한 스승」에서,

> 완전한 학교는 좋은 교수법의 결과라기보다는 좋은 교사, 즉 자신이 가르쳐야 할 문제에 대해 준비가 철저하고 기초를 잘 갖춘 교사, 중요한 임무에 필요한 지적·도덕적 자질을 갖춘 교사, 예수 그리스도와 그분의 교회를 사랑하기 때문에 그들에게 맡겨

> 진 청소년들에 대한 순수하고 거룩한 사랑을 소중히 여기는 교사, 그리고 가정과 국가의 참된 유익에 대한 진정한 마음을 가진 교사에 의한 결과입니다. (1929, p.48)

비오 11세 교황이 교육자 소명의 기초를 전문적 역량이라고 강조한 점에 주목해야 합니다. 교육적 역량을 갖춘 교원이 없는 학교는 자신의 문화적 목적을 달성할 수 없습니다. 그러나 비오 11세도 지적했듯이 전문적 역량은 도달하고자 하는 최종 목표가 아닙니다. 그는 전문적 역량은 진정으로 탁월한(또는 그의 표현에 따르면 '완전한') 학교를 만들기 위한 시작이자 출발점일 뿐이라고 강조하였습니다.

이 점에 대해 비오 11세 교황은 전 세계 신자들에게 청소년 교육은 충분한 자원이나 좋은 수업보다 훨씬 더 많은 것이 필요하다는 점을 상기시키고 있습니다. 교황은 교육자의 동기가 교육에 대한 근시안적인 시각에서 비롯되어 물질적인 것에만 초점을 맞출 때 교육은 완성될 수 없으며 이러한 추론은 망상이라고 주장했습니다. 이와 대조적으로, 그는 좋은 교육자와 탁월한 교육자를 구분하는 본질적인 차이는 그들의 내재적 동기를 살펴봄으로써 발견할 수 있다고 주장했습니다. 비오 11세 교황은 "완전한 학교는 자신에게 맡겨진 청소년들을 순수하고 거룩한 사랑으로 소중하게 여기는 좋은 교사들의 노력으로 이루어집니다"(1929, p.48)라고 말합니다. 가톨릭 교육자의 소명인 이 내재적 동기는 교사와 관리자들이 순전히 물질주의적인 교육관을 극복하고 학생들에게 비범하고 항구한 가치를 형성하는 경험을 제공하도록 도전하는 것입니다.

20세기의 첫 40년 동안 가톨릭 교육 사상이 발전하면서 교육적 탁월성은 점점 더 신학적 동기, 곧 청소년의 도덕적·지적 필요를 충족시키기 위해 교사와 교육자에게 동기를 부여하는 살아 계신 주 예수님의 사랑의 결과로 정의되었습니다. 그리스도는 교육자의 마음속에 머무르십니다. 그분은 교육자들에게 청소년에 대한 진정한 사랑을 불러일으키며, 청소년의 유익을 위해 교육적·행정적 업무들을 완수하기 위해 물질적 자원이 넉넉하든 부족하든 모든 자원을 활용하도록 동기를 부여하십니다.

20세기 전반기의 교황 문헌은 참다운 교육적 탁월성이 교육자 업무의 핵심 요소인 사랑의 개념 안에서 정의된다고 주장합니다.

- 이 주장은 '더 많은 돈'이 학교를 더 좋게 만들 것이라는 견해에 어떤 방식으로 도전합니까?
- 이 교황의 가르침은 가톨릭 교육자의 정체성에 대해 어떻게 재조명합니까?
- 비오 11세 교황이 명시한 원칙에 따라 가톨릭 교육자를 평가하는 도구를 개발해 보십시오.

탁월한 학교에서 교육자와 학생을 하나로 묶는 것은 전문적 교사 연수 과정을 통해 획득하거나 교사 자격증을 통해 증명되는 전문적 역량이 아닙니다. 탁월한 학교에서 교육자와 학생들을 연결하는 것은 사랑의 유대감입니다. 이 동기는 가톨릭 교육자 소명의 핵심입니다. 이 소명은 단순히 배워서 얻어지는 기술이 아니라 하느님과 이웃에 대한 사랑을 통해 완성으로 이끄시는 하느님의 은총입니다.

미국 가톨릭 교육 역사에서 교육 실천의 표준화를 촉진하려는 노력이 널리 퍼져 있던 시기에 교회가 교육 실천의 중심에 신학적 동기가 있다고 주장했었다는 점을 기억하는 것이 중요합니다(Callahan, 1962). 교육 정책 입안자들 대부분은 교사가 고용 당시 정해진 일을 수행하고 학교가 의도한 목표를 달성하게 하도록 과학적 표준화가 필요하다고 주장했습니다. 이로 인해 객관적인 기준과 평가가 주관적인 관계와 평가를 빠르게 대체하고 있었습니다.

교회는 틀렸고 교육 정책 입안자들은 옳았을까요? 교육적 탁월성의 핵심을 과연 객관적인 기준과 평가에서 찾을 수 있을까요?

역사적 증거에 따르면 새로 의무화된 인정과 인증 기

준에서 가톨릭 교육자들 가운데 부족한 이들이 많았습니다. 실제로 그들은 청소년에게 교육 프로그램을 제공하는 데 필요한 인적 자원이나 물적 자원을 갖추지 못했습니다. 또한 많은 교구에는 적절한 교육 시설과 프로그램을 제공할 수 있는 재정적 자원이 부족했던 것도 사실입니다.

그러나 흥미롭게도 비인가 학교에서 교육적 기술을 연마한 이 무자격 교육자들은 가톨릭 이민자의 자녀들이 불과 한 세대 만에 미국의 사회적·경제적·군사적 주류 사회에 중요한 기여를 할 수 있도록 도와주는 도덕적·지적 프로그램을 제공했습니다. 이 성공 사례는 인증 기준이 교육적 탁월성과 불가분의 관계에 있다는 개념과 모순됩니다. 20세기의 첫 30년 동안 가톨릭 교육 공동체의 경험에 비추어 볼 때(그리고 제2차 바티칸 공의회 이후 도심 가톨릭 학교에서도), 탁월성은 신학적 동기와 연결되며, 그리스도의 사랑이라는 '왜'가 교육자의 직업, 즉 '무엇'을 통해 표현될 때 달성된다고 했던 비오 11세의 주장을 받아들이는 것이 훨씬 더 타당합니다. 인증 기준은 이러한 신학적 미덕을 뒷받침할 수 있을 뿐 대체할 수는 없습니다.

청소년의 그리스도교 교육은 교육자가 '중요한 임무'를 지니고 있다고 주장하며 중요한 철학적 측면을 강조했습니다. 이는 부모와 시민 사회가 가정과 사회의 올바른 기능에 필요한 중요한 책임을 교육자에게 위임했다는 의미입니다. 비오 11세의 사목적 관점에 따르면, 교육자는 부모, 교회, 시민 사회의 이름으로 그들을 대신하여 봉사합니다. 그의 교육적 임무와 이에 상응한 신뢰는 교육자 공동체에 교육 문제에서의 우월함이나 면책권을 부여하지 않으며 그에게 교육을 위임한 이들과 구별하지 않습니다. 여기서 보조성의 원칙이 작동합니다. 즉, 교육자들은 청소년 교육에 대한 부모, 교회, 사회의 권리를 충족시킬 교육적 결정을 내릴 수 있는 거룩한 신임을 받아 자신이 대표하는 세 사회의 이름으로 그들을 대신하는 수탁자로서 행동합니다.

• 20세기 중반

제2차 바티칸 공의회 이전의 마지막 교황인 비오 12세(재위 1939~1958)는 전임 교황들이 제시했던, 지금은 익숙한 많은 교육 주제를 더욱 확장했습니다. 특히 가톨릭 교육자의 소명에 관한 교회의 가르침을 이전보다 더 폭넓게 발전시켰습니다.

비오 12세는 쿠바 하바나에서 열린 제5차 가톨릭 교육 미주 회의에서 라디오 메시지를 통해 '좋은' 교사(이 책에서 '탁월한' 교사로 지칭)의 네 번째 특성을 명확히 설명했습니다. 이 특성은 가톨릭 교육자의 소명이나, 학생들에게 진정으로 전해야 할 것이 무엇인지를 구체적으로 설명할 때 언급했던 부분입니다. 교황은 다음과 같이 말했습니다.

> 끝으로, 좋은 교사는 단지 가르치는 데 그치지 않고 교육하는 데 더 주의를 기울이며, 무엇보다도 그는 자기 영혼과의 만남을 통해 다른 영혼들을 형성하고 조형할 수 있습니다. 다시 강조하지만, 이를 위해 '단순한 정보 전달자가 되지 말고 영혼의 아버지가 되십시오.' 그리고 무엇보다도 '여러분 삶의 모범으로' 제자들을 양성하십시오. (1954b, pp.483~484)

이 제자들에게는 위선이 없습니다. 학생들에게 교사의 모범을 따르고자 하는 동기를 불어넣는 것은 바로 교사의 용기 있는 본보기, 즉 그들의 도덕적 수준입니다. 탁월한 교사는 삶의 모범을 통해 가르치는 모든 것을 구현합니다.

1년 후 비오 12세는 이러한 이상을 바탕으로 청소년에 대한 하느님 사랑의 핵심은 교육자와 학생 간의 특별한 관계 속에서 이루어지는 상호 작용이라고 주장했습니다.

> '교사'는 가르치는 이에게 부여할 수 있는 최고의 칭호입니다. 교사의 역할은 단순히 지식을 전달하는 것을 넘어 더 높고 심오한 것을 요구합니다. '교사'는 자신의 영혼과 학생의 영혼 사이에 긴밀한 유대감을 형성할 줄 아는 사람입니다. 경험이 부족한 학생을 진리와 미덕으로 이끌기 위해 헌신하는 이가 바로 교사입니다. 한마디로 학생의 지성과 의지를 조형하여 최선을 다해 그들을 인간적이고 그리스도교적인 완전성을 갖춘 존재를 만드는 이가 바로 교사입니다. (Pius XII, 1955, p.514)

비오 12세는 '강사'와 '교사'를 신중하게 구별하면서(이 책에서 '교사'와 '교육자'를 구별했듯이), 교실과 학교 안에서 특별한 방식의 의사소통, 즉 영혼들 사이의 친밀한 의사소통이 일어난다고 주장했습니다. 교육자의 말과 행동, 정서를 통해 학생들이 하느님 사랑의 실제 육화를 경험하도록 자극하는 것이 바로 이러한 특별한 소통 방식입니다. 비오 12세는 이처럼 심오한 영적 소통이 가능하려면 "참된 교사는 온전한 인격체이자 그리스도인이어야 하고, 유일한 신적 스승이신 예수 그리스도의 모방자"(1955, p.514)로서 학생들과 대화하며 경청뿐만 아니라 관찰을 통해 학생을 알아가야 한다고 강조했습니다. 교육자와 학생 간의 영혼의 친밀한 소통은 이들을 학교 공동체의 본질적 목적에 참여하게 해 주는 은총 가득한 초대입니다.

교육자들은 이러한 자신의 기술을 신학적 사명과 깊이 연결하며 기능적인 교육, 즉 학생들이 성인 시민으로서 역할을 하도록 사실, 정보, 가치를 전달하는 것도 중요하게 여깁니다. 하지만 그들은 단순히 이러한 부분에만 관심을 두는 것은 아닙니다. 교육자와 학생이 영혼으로 서로 소통하려고 노력하는 학교에서 교육 공동체는 더 중요하게 충성심, 용기, 의무에 대한 헌신, 가족과 시민 사회에 대한 사랑 같은 도덕적 덕목을 포함한 본질적인 학습에 더 큰 관심을 기울입니다. 이러한 도덕적 덕목에 영감을 주고 실천하는 학교에서는 모든 구성원이 이 세상에서의 시민권뿐만 아니라 더 중요한 하느님 나라에서의 시민권과 관련된 본질적인 문제에 관해 교육받으며 계속해서 배웁니다.

20세기 중반에 이르러, 가톨릭 교육자의 소명은 단순히 세속적인 직업에서 객관적인 기준으로 성공을 평가받기 위해 자신의 재능과 에너지를 쏟으라는 부름으로만 인식되지 않았습니다. 비오 12세에 따르면, 가톨릭 교육자의 소명은 성경적 이상주의에 충실한 생활 방식이자 그리스도께서 제자들에게 부여하신 가르침의 권위를 표현하는 것이며, 청소년의 유익을 위해 기꺼이 희생할 수 있는 의지의 표현이기도 합니다. 가톨릭 교육자의 소명은 교육자의 마음에 관한 하느님의 부르심이며, 부활하신 주님께서 하느님의 나라를 선포하러 오실 때까지 청소년들이 하느님 나라를 계속 건설하는 사명을 수행할 수 있도록 자신의 재능과 에너지를 헌신하라는 거룩한 부르심입니다.

가톨릭 교육자는 하느님께서 당신 백성과 맺은 계약에 관대하게 응답합니다. 이 제자들은 복음의 이상과 원리가 참으로 좋은 삶의 기초임을 보여 주려고 합니다. 그들은 악의 영향으로부터 청소년을 보호하는 데 에너지를 쏟기를 원하며, 성인 시민으로서 하느님과 교회, 사회를 위해 봉사할 이들을 양성하기 위해 피곤함과 불편함을 기꺼이 감수합니다. 비오 12세(1954a)가 이 이상을 다음과 같이 표현했습니다.

> 여러분에게는 예민한 성장기에 있는 수천 명의 청소년이 맡겨져 있습니다. 여러분은 청소년 양성에 대한 막중한 책임을 지고 있으며, 여러분 나라의 더 나은 미래를 준비하는 데 중요한 공헌을 하고 있습니다. 여러분은 그리스도인으로서 무관심할 수 없으며, 교사로서 여러분 세대를 쇄신하는 데 효과적으로 협력할 수 있다는 기쁨을 누리고 있습니다. (p.481)

인간이 가정과 시민 생활에서 중요한 문제들에 능동적으로 참여할 수 있도록 유능한 가르침이 필요하다는 것은 분명합니다(Hirsch, 1987). 그러나 더 중요한 것은 교육자들이 젊은 남녀에게 자신의 진정한 존엄성을 인식하고 기를 수 있는 도덕적 덕목을 심어 주는 것이 필요합니다. 하지만 비오 12세의 가톨릭 교육 이론과 가톨릭 교육자의 소명에 대한 설명에서 알 수 있듯이, 진정한 도덕적 양성은 세뇌가 아닙니다. 오히려 이는 그리스도교적 인격주의를 반영한 교육자와 학생 간의 친밀한 대화와 관계 안에서 이루어지며, 이를 통해 젊은이들은 그들 가운데 살아 계시며 활동하시는 주 예수님을 깨닫게 됩니다.

참된 이웃 사랑에 뿌리를 둔 이 특별한 관계를 통해,

비오 12세에 따르면, '강사'는 단순히 교육과정의 내용을 전달하지만, '교사'는 학생들의 영혼과 친밀하게 소통하는 역할을 합니다.

- 어떻게 교실에서의 의사소통이 가톨릭 공동체적 삶의 비전을 더 효과적으로 전달하는 수단이 될 수 있습니까?
- 비오 12세의 이상이 가톨릭 교육자들에게 '좋은' 또는 '탁월한' 교실과 학교의 차이에 대해 통찰력을 제시했던 바를 설명해 보십시오.
- 가톨릭 교육자의 고유한 목적이 무엇인지 그리고 어떻게 그들의 모든 의사 결정이 학교와 학급의 목적 달성에 기여할 수 있는지 설명해 보십시오.
- 비오 12세의 이상에 기반하여, 좋은 가톨릭 학교를 탁월한 가톨릭 학교로 변화시키기 위해 무엇이 필요한지 탐구해 보십시오.
- 관리자, 교사, 학생들이 영혼과 영혼으로 서로를 대한다면 학교의 문화가 어떻게 변화될 것으로 생각하는지 설명해 보십시오.

교육자들은 교사와 관리자의 역할 안에서 구체적으로 드러난 부활하신 주님이며 스승이신 예수님의 거룩함을 본받고자 하는 청소년들의 끝없는 열망을 불러일으킵니다. 비오 12세는 진정한 도덕적 양성을 받은 학생들이 그리스도 안에서 사회를 재건하고 만물을 새롭게 할 건축가로서 자신의 재능과 에너지를 다해 봉사할 것이라고 강조합니다.

비오 12세에 따르면, 가톨릭 교육자들의 영향력은 학생들에게 평생 영감이 됩니다. 이들은 복음의 이상을 지키고 그리스도의 권위로 가르치며, 진정으로 사랑하는 청소년들을 위해 기꺼이 피곤함과 불편함을 감수하며 자신의 소명을 다합니다. 또한 그들은 다음 세대에 하느님과 교회, 사회를 위해 봉사할 제자들에게 완벽한 도덕적·지적 양성을 교육하면서 복음을 증거합니다. 이 교육자들은 악이 청소년을 위협할 때 그들을 보호하는 장벽을 세움으로써 공동선에 기여합니다.

• 요약: 가톨릭 교육자의 소명 — 제2차 바티칸 공의회 이전 교회의 신학적 성찰

19세기 후반부터 20세기 전반에 이르기까지 교회는 세속적인 세계, 특히 인간 존재에 대한 교회의 관점과 상반된 견해를 지닌 포스트 계몽주의 사상의 세속주의, 물질주의, 도덕적 상대주의를 포함한 '모더니즘'에 단호히 맞섰습니다.

모더니즘이 교육 이론에 영향을 미치면서, 교회는 특히 진보주의 교육 이론이 모더니즘의 장밋빛 약속에 희생되는 상황에서 큰 도전에 직면했습니다. 예를 들어 듀이의 교육철학은 교육과정인 학습 환경의 형성(1916, 1944) 개념을 강조했지만, 반대로 전통적인 가톨릭 교육철학은 하느님께서 인간을 위해 의도적으로 마련하신 교육 목적을 강조했습니다(Maritain, 1944). 교회는 자신의 도덕적 권리를 활용하여 모더니즘이 인간의 진정한 자유에 미치는 위협을 경고하였고, 청소년을 올바르게 교육하는 방법에 관한 철학적·신학적 근거를 제시하며 이러한 경향에 대응했습니다.

교회 당국이 반모더니즘을 추진하는 가운데, 일부 가톨릭 지식인들은 진보주의 교육 이론의 장점을 전통적인 가톨릭 교육철학과 통합하려는 노력을 기울였습니다. 그 결과, 모두 일치된 모습을 보이지는 않았습니다(Murphy, 1973, 1974). 예를 들어 미국 가톨릭 대학교의 Thomas Edward Shields 박사는 진보적인 교육 이론과 전통적인 가톨릭 교육철학을 통합한 교육과정을 활용하여 가톨릭 교육자들의 인증을 위한 기념비적인 투쟁에 자신의 재능을 발휘하여 크게 성공하였습니다(Wohlwent, 1968; Shields, 1907). 주로 시스터즈 대학과 시스터즈 여름 학교에서 Shields 박사의 노력을 통해 수녀들은 그의 진보주의적 교육 이상에 따라 교육 연수를 받고 최종적으로 자격증을 취득했습니다(Meyers, 1947; Shields, 1919; Ward, 1947).

특히 1960년대 중반 이후 많은 사람이 모더니즘에 관한 교회의 견해를 비판적으로 바라봤습니다. 그러나 다수의 비판자는 교회가 청소년들이 진정으로 좋은 삶을 살 수 있도록 준비시키기 위해 도덕적·지적 양성을 위한 원칙을 성실히 지켰다는 사실을 간과했습니다.

교회는 특히 모더니즘이 교육학 이론화 과정에서 주

도권을 발휘하기 시작하면서 법리적인 비판에 직면했습니다. 참된 도덕적 양성이 제공하는 균형이 없는 모더니즘의 물질주의적 토대는 청소년들의 신앙과 도덕에 큰 위험을 초래하였습니다. 교회로서는 심각한 우려를 표명해야 할 문제였습니다. 많은 지역의 가톨릭 공동체는 막대한 재정적 부담에도 불구하고 하느님께서 맡기신 자녀들의 지적인 교육뿐 아니라 도덕적인 교육을 제공함으로써 신성한 책임을 다하기 위한 도덕적 의무에 부응했습니다. 일부 지역에서는 진보주의적 가톨릭 교육 이론이 청소년들에게 도움이 되었습니다(Bryce, 1978; Ryan, 1991).

가톨릭 교육자들의 소명이 청소년에 대한 '순수하고 거룩한 사랑'으로 얼마나 가득 차 있는지를 설명한 것이 바로 비오 11세 교황의 회칙 「거룩한 스승」(*Divini Illius Magistri*, 1929)이었습니다. 교황에 따르면, 교육자들이 아이들을 사랑하는 이유는 하느님과 교회에 대한 선험적인 사랑을 지니고 있으며 "가정과 국가의 참된 선익을 진심으로 마음에 품고 있기 때문"(p.48)입니다. 따라서 20세기 초까지 가톨릭 교육자의 소명은 사랑이라는 신학적 미덕의 가시적인 표현으로 이해되었습니다. 가톨릭 교육자들은 가톨릭 공동체의 일원으로서 청소년들에게 참된 양성을 제공하기 위해 때로는 개인적인 희생을 감수하면서까지 정신과 마음을 다해 하느님의 부르심에 아낌없이 응답한 이들입니다.

이 교회의 전통에 기반을 둔 비오 12세 교황은 「현대 세계의 현실에 직면한 가톨릭 학교」(*The Catholic school in the face of the realities of the modern world*, 1958, 1979)에서 학생들이 그리스도 안에서 사회적 회복을 위한 설계자가 되도록 가장 잘 준비시키며, 영혼의 친밀한 대화를 통해 교육자들이 학생들에게 전하는 것은 바로 하느님 사랑의 육화이신 예수님입니다. 또한 교황은 학교가 청소년들이 하느님 나라의 일원으로서 가장 고귀한 영적 운명을 실현하며 공적 삶과 직업을 준비하는 장소라고 말합니다.

이 문헌들은 현대 가톨릭 교육자를 위해 19세기 말과 20세기 초 교회의 가르침, 특히 소명과 관련된 가르침을 종합적으로 담고 있습니다. 교회는 교육자들이 단순한 강사나 교실과 학교의 좋은 관리자가 아니라, 학생들이 그리스도 안에서 세상의 사회적 회복을 이루는 설계자 역할을 하는 데 필요한 지식, 기술, 가치를 심어 주는 도덕적 양성에 참여해야 한다는 하느님의 부르심을 상기시킵니다.

일부 사람들은 당시 세상에 관한 교회의 입장을 반(反)근대적이라고 비판했지만, 이러한 교회의 입장은 진정한 인간의 자유를 위협하고 수십 년 동안 사람들을 노예로 만든 거짓 이데올로기에 대한 정당한 비판이라 할 수 있습니다. 현대 교육 이론들에 관한 교회의 입장은 19세기 말과 20세기 초 문헌에서 명확히 나타나며, 이러한 입장은 현대 교육 프로그램이 다음 세대의 성인이 될 청소년의 의사 결정 능력에 미칠 해로운 영향을 정확하게 예측한 것이었습니다.

이는 제2차 바티칸 공의회가 현대 세계에서 교회의 역할을 설명할 때 견지했던 현대 사회에 대한 단호한 비판적 비전입니다. 이 비전은 제2차 바티칸 공의회 이후 청소년을 양성하는 데 평생을 바친 이들이 교육적 탁월성의 의미를 이해하는 토대가 되었습니다.

제2차 바티칸 공의회 이후 교회의 신학적 관점

신학자들과 역사가들은 종종 교회 쇄신을 위한 교황 요한 23세의 요청에 주목하며, 1960년대를 교회가 현대 세계에 개방되기 시작한 새로운 시대의 출발점으로 특징지었습니다(Dulles, 1988, p.10). 실제로 「현대 세계의 교회에 관한 사목 헌장」(*Gaudium et Spes*, 1965c, 1988)은 이 쇄신의 주제를 강조하면서, 교회는 시대의 징표를 탐구하고 이를 복음의 빛으로 해석해야 할 의무를 지니고 있다고 말합니다. 또한 그 임무를 수행하기 위해서는 종교적 측면에도 영향을 미칠 수 있는 진정한 사회적, 문화적 혁신이 필요하다고 강조합니다(4항).

예를 들어, 「평신도 사도직에 관한 교령」(*Apostolicam Actuositatem*, 1965b, 1988)은 쇄신이라는 주제를 교회와 세상이 만나는 구체적인 상황, 즉 평신도들이 자기 일을 통해 어떻게 문화 혁신에 직접 참여할 수 있는지를 구상하는 세속 일에 적용했습니다. 공의회는 다음과 같이 선언했습니다. "세상 한가운데에서 세속 일을 하며 살아가는 것이 평신도의 신분이므로 평신도들은 그리스도인 정신으로 불타올라 마치 누룩처럼 세상에서 사도직을 수행하도록 하느님께 부름 받았다"(2항). 공의회는 평신도들이 자신의 노동을 단순히 업무로만 보지 말고 모든 그리스도인이 교회 사명을 완수하는 데 적극적으로 참여할 사도직으로 인식하도록 촉구하는 것입니다.

Dulles(1988)는 공의회가 열린 지 20년이 지난 후 공의회 문서에 담긴 이상을 연구하면서 다음과 같은 결론을 내렸습니다: "이 선언문은 교회의 가르침에 대한 역동적이고 진보적인 이해를 허용하며, 모험과 변화의 미국 정신과 부

교육자의 소명은 하느님께서 교회에 주신 많은 은사 중 하나입니다.

- 학교의 교사와 관리자가 자기 일을 사도직에 비유한 구체적인 사례를 소개해 보십시오.
- 학교의 교육자들이 자기 일이 사도직임을 어떻게 더 구체적으로 표현할 수 있을지 생각해 보십시오.
- 진복팔단의 각 항목을 학교의 특정 교사나 관리자와 연관시킬 수 있습니까?
- 그들이 보여 준 그리스도인다운 영웅적 행위를 학교 공동체 내에서 어떻게 기념할 수 있습니까?

합한다"(pp.10~11). 그러나 가톨릭 교육자의 소명에 관한 성경적, 신학적 성찰을 통해 알 수 있듯이, 제2차 바티칸 공의회의 교령은 Dulles가 제시한 것처럼 새롭거나 광범위하지는 않습니다. 사실, 공의회의 쇄신에 관한 요청은 이전에 교회 가르침에서 강조했던 이상, 특히 청소년 교육에 대한 가르침을 반복하고 확장한 것이었습니다.

그렇다고 제2차 바티칸 공의회가 가톨릭 교육의 측면에서 성과가 거의 없었다는 의미는 아닙니다. 오히려 정반대입니다. 제2차 바티칸 공의회는 지난 2세기 동안 명확히 제시된 교회의 가르침에 기반을 두었습니다. 또한 공의회는 가톨릭 교육자의 소명을 더욱 명확히 하여 특히 현세 질서에 대해 정당하게 비판하고 그 쇄신에 기꺼이 동참할 청소년을 양성하는 교육자의 역할을 분명히 했습니다.

• 제2차 바티칸 공의회

「평신도 사도직에 관한 교령」(1965b, 1988)에서 제2차 바티칸 공의회는 평신도 사도직에 관심을 기울여, 부르심을 받은 사람들이 그리스도와 교회를 위해 자신의 삶을 바쳐 봉사할 책임에 대해 더 깊이 인식할 것을 촉구했습니다(1항). 그리스도인이 봉사하기 위해 참여할 수 있는 다양한 활동이 있지만, 모든 그리스도인은 복음의 삶과 가치에 따라 다른 사람을 복음화하고 성화하도록 부름 받았다는 선교의 동일성을 지니고 있습니다(2항). 그리스도인들은 가정과 사회에서의 책임감뿐만 아니라 다른 사람들을 대할 때 그들의 정직과 정의, 성실과 정중함 그리고 도덕적 용기를 통해서 이를 증거합니다. 그리스도인 증거의 또 다른 중요한 방법은 고백을 통한 것입니다(4항).

세례성사는 한 사람을 교회 생활에 입문시키며 그리스도인들이 교회의 선교에 더 깊이 참여하도록 초대합니다. 평신도 교령이 표현하듯, 그리스도인들은 사도직을 통해 "모든 일에서 〔하느님의: 저자 강조〕 뜻을 찾고, 가깝거나 멀거나 모든 〔사람〕 안에서 그리스도를 알아보며, 현세 사물의 참 의미와 가치를 그 자체로서 또 〔인간〕 목적에 관련시켜 올바르게 판단할 수"(4항) 있습니다. 그리스도인들은 세상 어디서나 자기가 하는 모든 일을 통해 그리고 자기의 영적 희생의 결과로 그리스도의 사랑을 모든 사도직의 영혼으로 삼습니다(3항).

가톨릭 교육자의 소명은 이 사명에 매우 적합한 소명 중 하나입니다. 예를 들어, 교육자들은 학교에서 개인적·집단적 증거를 통해 "그리스도교 원리를 밝히고 옹호하며, 이 시대의 문제들에 올바로 적용해야 할 자신의 역할을 더 열심히 수행"(6항) 해야 합니다. 교사와 관리자들은 청소년의 도덕적·지적 필요를 충족시키는 동시에 학생들의 요구를 해소하기 위해 고군분투하면서 그리스도의 영웅적인 사랑을 재현합니다(8항). 또한 교육자들은 학생들을 지적으로, 도덕적으로 양성할 때, 특히 학생들이 자신의 소명을 수행하고 재능과 은사를 활용하여 세상을 현명하게 다스릴 수 있도록 준비시킬 때 현세적 질서의 쇄신을 촉진하는 것입니다(14항). 교사와 관리자는 특별한 부름을 통해 특히 교리적, 영적, 실천적 차원에서 청소년들의 사도직 양성에 관심을 기울일 책임과 헌신의 의무를 받아들입니다(30항).

평신도 교령은 가톨릭 교육자의 소명을 모든 그리스

도인 소명의 일반적인 틀 안에 위치시키지만, 공의회의 「그리스도인 교육에 관한 선언」(*Gravissimum Educationis,* 1965a, 1988)은 가톨릭 교육자가 소명을 표현할 과업에 대해 구체적으로 명시하고 있습니다. 예를 들어, 이 문헌은 교육자들이 학생들을 사회, 특히 경제 및 정치 영역에서 적극적으로 역할을 하도록 준비시켜 그들이 성인 신자가 되었을 때 사회 전체의 선에 기여할 수 있도록 준비시킬 것을 요청합니다(서문). 또한 교육자들은 학생들의 지적 능력을 개발하고, 올바른 판단력을 기르고, 문화유산을 즐기며 가치들을 통합하여 행동하는 방법을 길러 주는 것에 충실해야 합니다. 이러한 모든 중요한 책임 외에도 교육자는 학생들에게 직업 생활에 필요한 지식과 기술을 가르쳐야 합니다(5항).

1960년대에 제2차 바티칸 공의회는 가톨릭 교육자들에게 영원한 주제가 될 가르침을 제시했습니다. 동시에 공의회는 가톨릭 교육자의 소명을 모든 그리스도인 평신도가 공유하는 소명 안에 뿌리내림으로써 이 유산을 확장했습니다. 모든 그리스도인은 세상을 가르치고 거룩하게 하고 다스리라는 부름을 받았지만, 가톨릭 교육자가 청소년과 맺는 관계는 그들이 개인적으로 복음을 증거하고 평신도의 소명을 가장 강력한 방식으로 모범을 보이는 특권적인 배경이 됩니다. 교육자들은 말과 행동으로 청소년을 가르칠 뿐만 아니라, 학생들이 자신의 은사와 재능을 개발하여 세상을 현명하게 다스릴 수 있도록 격려함으로써 그리스도교적 성화의 의무를 영웅적으로 증거합니다. 학생들이 지식을 배울 때뿐만 아니라 다음 세대에 교회와 사회의 쇄신에 기여할 책임을 받아들이는 방법을 배울 때 탁월성은 이 소명 안에서 더욱 빛납니다.

가톨릭 교육자의 소명은 특별한 소명이지만, 청소년의 그리스도인 양성뿐만 아니라 가톨릭 공동체 자체를 위해서도 대체 불가한 요소입니다. 제2차 바티칸 공의회는 「그리스도교인 교육에 관한 선언」에서 이 개념을 이렇게 표현합니다:

> "그러므로 부모를 도와 인간 사회를 대신하여 학교에서 교육 임무를 맡은 저 모든 이들의 소명은 막중하고도 아름답다. 그 소명은 정신과 마음의 특별한 품성, 철저한 준비, 지속적이고 즉각적인 쇄신과 적응을 요구한다." (5항)

따라서 교육 사도직은 하느님께서 교회에 주신 여러 소명 중 하나이지만, 다음 세대의 가톨릭 신자를 양성하는 일이 중요하기에 공의회는 교육자가 반드시 전문적 양성을 받은 후에 그 소명을 수행할 것을 촉구했습니다(8항).

• 제2차 바티칸 공의회 이후의 시대

이 전문적 양성이란 무엇이며 그 구성 요소는 무엇일까요? 이 질문은 가톨릭 교육성에서 발행한 두 개의 문서 「학교 내의 가톨릭 평신도: 신앙의 증인들」(이하 '가톨릭 평신도'), 「가톨릭 학교 교육의 종교적 차원」(이하 '종교적 차원')에서 다룬 내용입니다.

제2차 바티칸 공의회가 폐막된 지 거의 20년이 지난 후, 가톨릭 교육성은 1982년 「학교 내의 가톨릭 평신도: 신앙의 증인들」(1982, 1988)이라는 제목의 문서를 통해 가톨릭 교육자의 소명에 관한 교회의 풍부한 전승을 집대성했습니다. 이 문서는 아마도 가톨릭 교육자들에게 제2차 바티칸 공의회 이후 가장 중요한 문서일 것입니다. 이 문서가 답하는 질문은 가톨릭 교육자 소명의 본질이기 때문입니다. 이 질문은 바로 "가톨릭적 의미에서 교육 전문가란 무엇인가?"입니다.

교황청 가톨릭 교육성은 이 질문에 대해 교회의 이전 문서에서 이미 명확히 했던 내용, 즉 가톨릭 교육자의 정체성은 교육자의 과업이 단지 많은 세속적 직업 중 하나가 아니라 거룩한 소명이라는 사실에서 발견된다는 점을 반복하여 답했습니다(가톨릭 평신도, 37항). 또한, 교회는 가톨릭 교육자들에게 학교에서 하는 일이 그리스도인 공동체의 일원으로서 자신의 정체성을 표현하는 주요 수단임을 상기시켰습니다. 가톨릭 교육자들에게 교사와 관리자의 전문성은 단순히 교실과 학교에서 하는 일이 아니라, 자신의 개인적 삶의 증거를 통해 신앙, 문화, 그리고 삶을 통합하는 방식에서 드러납니다(가톨릭 평신도, 25-36항). 따라서 가톨릭 교육자가 수행하는 전문적인 업무는 세속적인 것이 아니라 근본적으로 종교적인 것입니다. 즉 가톨릭 교육자들은 교실과 학교에서 부활하신 주님에 대한 신앙을 생생하게 증거합니다.

가톨릭 교육자들이 개인적 삶의 증거를 제공할 더 큰 능력을 갖추기 위해 평신도가 운영하는 가톨릭 학교는 교육자를 위한 양성 프로그램을 개발할 필요가 있습니다. 이 요청을 가톨릭 교육자가 학생들에게 제공해야 할 양성 프로그램의 맥락에서 보면, 교육자를 위한 양성 프로그램은 학생들이 경험해야 할 다음과 같은 요소들을 강조할 수 있습니다.

— 인간적 능력들을 개발한다.

— 전문적 역량을 확장한다.

— 윤리적·사회적 의식을 고취한다.

— 하느님의 초월성을 인식한다.

— 종교 교육을 계속한다.

'교직원 연수'는 흔히 교육자들이 좋은 학교 교육과 관련된 기술적 역량을 개발해야 한다는 것을 의미합니다.

- 교회의 교육 사상은 이 전제에 구체적으로 어떤 방식으로 도전합니까? 가톨릭 교육자들이 진정으로 개발해야 할 것은 무엇입니까?
- 만약 당신의 학교에서 '교원 양성' 프로그램을 도입한다면, 교회는 교사와 관리자들이 고려할 사항으로 어떤 것들을 제안합니까?
- 교사와 관리자들이 자신의 전문성 실천의 핵심인 소명에 대해 더 깊이 배우려면, 어떤 조직이나 기관이 마련될 필요가 있습니까?

이 양성 프로그램은 전부는 아니지만 대부분의 교직원 연수나 교사가 행하는 '무엇', 즉 기술에만 초점을 맞추는 현직 프로그램의 접근 방법과는 완전히 대조적입니다. 대신, 형성적 교사 연수에 대한 공의회의 전망은 교사와 관리자들이 자신이 하는 일을 하는 이유를 더 깊이 이해하도록 돕는 활동, 즉 학생들이 강하고 책임감 있으며, 자유롭고 올바른 선택을 할 수 있는 능력을 갖추고, 진리에 열려 있으며 삶의 의미에 대한 명확한 인식을 형성하고, 사회적으로 자각하고 심오한 시민적, 정치적 책임을 발휘할 수 있도록 도전합니다. 이를 통해 교실과 학교는 교육자들이 '인간을 더욱 인간답게 만드는'(가톨릭 평신도, 18항) 양성 프로그램을 청소년에게 제공하는 공간이 되도록 합니다.

교황청 가톨릭 교육성은 가톨릭 교육자를 위한 전문적 양성을 요청하면서 교사와 교육자의 전문성에 대한 초점을 크게 재설정했습니다. 가톨릭 교육성은 교육자들에게 전문적 준비의 의미를 훼손하지 않으면서도 그들이 개인적인 삶의 증거를 제공할 선험적 이유를 위해 직업에 헌신한다는 점을 상기시켰습니다. 오늘날의 학생들을 다음 세대의 하느님 나라의 실재에 영향을 미칠 활동에 참여하도록 준비시키는 것은 바로 그들의 증거입니다(가톨릭 평신도, 20항).

따라서 가톨릭 교육자의 소명은 청소년 복음화를 위한 거룩한 부르심이며, 모든 교회에 큰 희망을 주는 하느님의 부르심입니다. "교육자는 구체적인 인간의 삶 속에서 그리스도교 메시지의 육화라는 복음화의 목적 자체를 수행해야 하는 사람이며, 이런 훌륭한 기회를 누리고 있는 가톨릭 신자는 실재 극히 소수에 지나지 않는다"(가톨릭 평신도, 31항). 교육자는 자신의 소명을 통해 현세적 실재를 복음과 점차 통합함으로써 복음이 궁극적으로 모든 이의 삶에 이르게 할 수 있도록 합니다(가톨릭 평신도, 81항). 소명의 본질적 측면을 강조한 특화된 양성 없이, 가톨릭 교육자들이 교실과 학교에서 개인적인 삶을 증거하기는 어려울 것입니다.

종교적 태도와 행위에 대한 가르침은 종종 종교 교사나 가톨릭 학교의 사목자에게 맡겨집니다.

- 이상적으로, 학교의 종교 교육자는 누구라고 생각합니까? 어떻게 하면 그 사람의 이상이 현실이 될 수 있습니까?
- 학교의 전체 교육 프로그램 전반에 걸쳐 도덕적 양성을 어떻게 녹여 낼 수 있는지 설명해 주십시오.
- 학교의 교사와 관리자들이 업무의 모든 측면에 도덕 교육을 효과적으로 녹여내기 위해 그들에게 필요한 것은 무엇입니까?
- 학부모들이 학교의 종교 교육 프로그램에 더 효과적으로 참여하고 지원하려면 그들은 어떻게 해야 합니까?

1988년에 교황청 가톨릭 교육성은 제2차 바티칸 공의회 폐막 이후 25년 동안의 가톨릭 교육에 대한 분석을 완료하여 「가톨릭 학교 교육의 종교적 차원」(*The Religious Dimension of Education in a Catholic School*, 이하 '종교적 차원')이라는 제목의 문헌을 발표했습니다. 교육과 청소년 그리고 그들이 직면한 비극적 상황에 초점을 맞춘 이 문헌에서 가톨릭 교육성은 "다른 학교와 마찬가지로 가톨릭 학교에서도 종교적 태도, 도덕적 행동, 학업 성취 등 모든 면에서 뛰어난 젊은이들을 찾을 수 있지만"(종교적 차원, 18항), 다음과 같은 슬픈 사실이 있다고 말합니다.

> 오늘날 일부 청소년에게는 가톨릭 학교에서 보낸 시간이 거의 영향을 미치지 않는 것 같다. 그들은 기도, 미사 참여, 성사와 같이 그리스도인의 삶이 표현되는 모든 다양한 방식들에 대해 부정적 태도를 보이는 듯하다. 일부 청소년들은 이러한 방식들, 특히 제도 교회와 관련된 방식들에 대해 노골적으로 거부감을 표현한다. (종교적 차원, 19항)

그러나 가톨릭 교육성은 이러한 비판적 태도가 기술 중심의 물질주의 문화에서 삶의 진정한 가치와 궁극적 의미에 관한 질문과 같은 도덕적 본성을 지닌 더 깊고 심오한 질문을 표현하는 것이라고 주장합니다.

가톨릭 교육성은 청소년 교육을 가톨릭 교육철학의 맥락(즉, 학생이 교육의 주체라는 맥락)에서 설정함으로써 제2차 바티칸 공의회 이후 가톨릭 교육자들이 직면한 주요 도덕적 도전을 파악했습니다. 이 도덕적 도전은 교육자들이 학습 결과를 개선하는 방법에 관한 것이 아니라, 모든 학문 분야에서 신앙과 문화 간의 대화를 조성하고 증진하는 방법에 관한 것입니다. 특히 가톨릭 학교 관리자들이 수행해야 할 주요 임무는 교사가 학생들이 의심과 냉소를 버리고 하느님께서 세상에서 활발히 일하고 계시다는 것을 깨닫고 그분 나라의 기쁨에 들어가는 법을 배우도록 교육과정을 활용할 수 있는 교육 환경을 조성하고 발전시키도록 하는 것입니다. 가톨릭 교육성은 이 문제에 대해 다음과 같이 설명했습니다.

> 가톨릭 학교에서 그리고 유사하게 모든 학교에서, 하느님은 '위대한 부재자'나 환영받지 못하는 침입자가 될 수 없다. 창조주 하느님은 당신이 창조한 세상, 믿음의 눈으로 볼 때 새 의미가 부여되는 세상에 대해 더 배우려는 사람의 길목에 장애물을 놓아두지 않으신다. (종교적 차원, 51항)

그러므로 하느님께서는 가톨릭 교육자들을 "젊은이들의 충동적인 비판적 정신에서 제기하는 질문에 응답"(종교적 차원, 23항) 하도록 부르시고, 그들이 무관심의 장벽을 허물기 위해 항상 노력하며 청소년들에게 그리스도교 지혜가 포함된 지식을 제공할 준비를 하도록 요구하십니다. 이러한 결과를 촉진하기 위해 교사와 관리자는 학생들이 학교의 독특한 환경에 관해 감사할 수 있는 학교 분위기를 개발하는 데 함께 힘써야 합니다(종교적 차원, 26항). 가톨릭 교육성은 이는 교육자들이 "자유와 사랑의 복음 정신이 스며든 공동체 분위기를 조성하는 데 특별히 관심을 기울일 때만 가능한 것"(종교적 차원, 38항)이라고 주장했습니다.

가톨릭 교육성이 교육자, 교육과정, 학생 간의 관계를 어떻게 인식하는지 이해하는 것이 중요합니다. 가톨릭 교육성에 따르면, 교육자는 단순히 교육과정을 전달하는 교과 전문가가 아니라, 청소년 교육에서 교육과정을 어떻게 전달하는 것이 가장 중요한지 학생들에게 가르치는 사람입니다. 대신 가톨릭 교육성은 교육과정을 교사가 학생들에게 필요한 신앙, 문화, 그리고 삶의 종합이라는 중대한 결과를 전달하는 매개체로 설명합니다. 이러한 가르침은 인간 존재의 의미와 목적에 관한 것입니다.

전문적인 가톨릭 교육자가 없다면 젊은이들은 신앙과 문화, 그리고 삶을 종합하여 인간을 악의 힘으로부터 해방하는 참된 교육이 무엇인지 가톨릭의 관점에서 배우지 못하게 됩니다. 이러한 관점에서 가톨릭 학교는 실로 매우 특권적인 장소입니다. 가톨릭 학교 안에서 교육자 공동체는 학문적이고 도덕적인 배움의 양성 프로그램에 학생들을 참여시킵니다. 이러한 활동을 통해 젊은이들은 권위에 대한 냉소에서 비롯된 세상과 인간에 대한 부정적 태도를 극복하며 성장할 수 있습니다. 가톨릭 학교에서 젊은이들은 인간 존재에 대한 그리스도교적 비전에 내포된 모든 것을 이해하는

가톨릭 교육자들은 그들과 학생들이 "가톨릭 신자처럼 문제를 생각하는 것"(Newman, 1927, 1987)에 참여하도록 합니다.

- 교사와 관리자가 학생들에게 '비판적 의식'을 어떻게 실행하고 시범을 보이는지 설명해 주십시오.
- 교회의 가르침에 비추어 관리자, 교사, 학생들이 서로 아이디어를 교환할 때 단일함을 특징으로 해야 한다고 생각합니까? 그 이유가 무엇입니까?
- 비판적인 아이디어의 활발한 교류가 학교 정체성의 핵심이 되게 할 방법은 무엇입니까?
- 그렇다면, 가톨릭 교육자들이 동료 교육자들, 학생들, 부모들과 대화를 나눌 때 실제로 어떤 일이 발생합니까?
- 학교에서 교육자의 예언자적 역할이 표현되고 또 그렇게 이해되는 상황을 설명해 주십시오.

법을 배우면서 점차 신앙과 문화의 종합이 삶에 궁극적인 의미와 목적을 부여한다는 것을 깨닫게 됩니다. 그들은 성인으로서 의심과 냉소로 이어질 수 있었던 불안감에서 치유될 것입니다. 그리고 그 자리에 그리스도교적 낙관주의에 기반한 태도, 즉 하느님 나라의 증진을 위한 봉사 안에서 살아가는 깊은 평화와 기쁨을 경험하도록 돕는 태도가 자리 잡게 될 것입니다.

청소년들의 불안하고 비판적인 태도의 기저에 깔린 문제들은 일반적으로 가톨릭 교육, 특히 가톨릭 교육자의 소명을 위한 맥락을 형성합니다. 이는 가톨릭 교육의 철학적·신학적 기초가 교육적 주제인 하느님의 형상과 모습대로 창조된 인간으로서 학생의 성장이기 때문입니다. 이러한 초점이 없다면 청소년 교육은 학교의 교육과정으로 제공되는 교과와 활동들의 카페테리아로 축소되기 쉽습니다. 이런 학교에서는 학생들이 개인의 취향에 따라 선택하고, 교사는 자신의 과목을 가르치는 데만 집중하며, 관리자는 편안한 현상 유지를 추구합니다.

이와는 대조적으로 가톨릭 교육자의 소명은 교육자가 학생을 사랑하고 자신의 모든 일을 통해 이를 가시적으로 표현하면서 진정한 전문성이 드러난다는 점을 알려 줍니다. 학생들이 교사와 관리자의 말과 행동에서 자신을 위해 인간이 되신 그리스도의 사랑을 경험하고 신뢰하게 되면 교육과정에 더욱 참여하고 또 헌신하게 될 것입니다(종교적 차원, 110항). 하느님의 아들과 딸로서 그들은 자신의 참다운 성취를 하는 데 필요한 것을 하게 될 것입니다.

가톨릭 교육자 소명의 사목적 차원에는 학생의 도덕적 인격을 양성하는 것이 포함됩니다.

- 교회 문헌들이 먼저 학생에게 초점을 두는 이유는 무엇입니까? 이는 교육자의 성소에 대해 무엇을 제안한다고 생각합니까?
- 학생들에게 진정으로 필요한 것이 무엇인지 교사들이 더 잘 이해할 수 있도록 학부모를 어떻게 초대할 수 있는지 제안해 주십시오.
- 학생들에게 진정으로 필요한 것이 무엇인지 이해하기 위해 가톨릭 교육자에게 어떤 기술들이 필요합니까?
- 가톨릭 교육자의 소명에 대한 이러한 전망이 학교의 교육 활동을 어떻게 변화시킬 수 있습니까?

제 5 장

가톨릭 교육자를 위한 매우 실용적인 문제:
신학적 덕목과 교육적 실천

우리의 주제는 '가톨릭 교육자의 소명'입니다. 지금까지 참된 탁월한 교육자와 좋은 교육자를 구별하는 기준을 제시하면서 교육 실천이 일어나는 맥락을 살펴보았습니다. 또 성경과 교회 전승을 모두 고려하면서 가톨릭 신앙의 유산에서 나온 문헌들을 고찰했습니다. 이러한 노력은 하느님께서 가톨릭 교육자로 봉사하도록 부르시는 사람들의 소명을 성찰하기 위한 신학적 틀을 개발할 수 있게 해 주었습니다. 교육적 탁월성에 대한 통찰력을 제공하는 규범을 발굴하였고, 특히 이 탁월성 개념이 고유한 가톨릭 관점에서 이해되고 교실과 학교에서 실행될 수 있도록 하였습니다.

Sergiovanni(1995)는 좋은 학교와 탁월한 학교를 구분하면서 교육자가 무엇을 하는 사람인지를 간과해서는 안 된다고 일깨워 주었습니다. 교실과 학교를 관리하고, 좋은 업무 관계를 조성하며 좋은 교육과정과 수업을 제공하는 역량은 좋은 교육 실천의 견고한 토대를 구성하는 필수 구성 요소입니다. 따라서 좋은 학교는 전문적 역량을 키우고 유지하는데 헌신하는 교사와 관리자가 있다는 특징이 있습니다.

이러한 교육자들은 자신의 직업에 전념하면서도 이미 잘하고 있는 일을 더 잘할 방법을 항상 '찾아 나서고' 있습니다.

교육 역량의 주요 지표 중 하나는 교사와 관리자와 마찬가지로 학생의 성취도를 돕는다고 입증된 사회경제적 배경이나 교육 자원이 없더라도 다른 학교의 또래 학생들보다 높은 수준의 성취를 달성하는 학생들입니다(Bryk, Lee, & Holland, 1993; Coleman, Hoffer, & Kilgore, 1982; Coleman & Hoffer, 1987). 또한 교육 역량은 그들의 학교를 매우 자랑스러워하는 학부모와 지역 사회를 통해서도 나타납니다. 그들은 학교가 이룬 성취를 높이 평가하며 교사와 관리자가 지닌 직업윤리를 인정하고 이를 보상을 해 줍니다.

또한 Sergiovanni(1995)는 교사나 관리자로서의 역량과 탁월함이 전혀 다른 문제임을 상기시켜 주었습니다. 교사와 관리자는 탁월성을 발휘하기 위해 먼저 역량을 갖추어야 하며, 그다음 교육자들은 탁월해지기 위해 노력하면서 교실과 학교에서 자신이 하는 일, 더 중요하게는 왜 그 일을 하는지를 질문하고 교육의 더 심오하고 본질적인 목적을 탐구해야 합니다.

탁월한 학교의 교사와 관리자는 학교의 존재 이유를 믿습니다. 그들은 모든 말과 행동을 통해 학교의 본질적 목적을 구현하기 위해 노력합니다. 또한 탁월한 학교에서 학생의 성취는 표준화된 시험에서 받은 점수로 측정되는 양적인 문제만이 아니라, 더 중요하게 학생이 학교의 목적을 얼마나 습득하였는지에 따라 나타나는 질적인 문제입니다. 학생들은 성취도를 소중히 여길 뿐만 아니라 성취도로써 자신을 특징짓기 원합니다. 탁월성의 규범은 학교의 성공을 평가하는 기준을 설정하며, 이 학교에서는 교사와 관리자가 청소년을 위한 그들의 노력 덕분에 존경받을 뿐 아니라, 수년에 걸쳐 그들이 행한 돌봄의 윤리 때문에 존경받습니다.

따라서 탁월한 학교의 교육자는 학생들에게 사회 구성원으로서 생산적인 삶을 살 수 있도록 지식, 기술, 가치관을 가르쳐 줄 뿐만 아니라 청소년 교육에 평생을 바치도록 동기를 부여하는 목적도 염두에 두고 있습니다. 이러한 교육자는 자신이 교실과 학교에서 노력하는 모든 것을 통해 학생들에게서 학교가 존재하는 근본적 목적을 의도적으로 드러내게 하며, 이를 바탕으로 학생들이 진정 선하고 의미 있는 삶이라고 공동체가 믿는 바를 구현할 수 있게 합니다.

탁월한 학교는 순응적인 학생들에게 이데올로기의 틀을 강요하며 학생들을 찍어내는 교육 공장이 아닙니다. 대신 탁월한 학교는 문화적 목적을 위한 인큐베이터로서 교육자가 학생들에게 학교의 주요 목적을 믿고 이를 기반으로 행동함으로써 주인 의식을 갖도록 도전하는 기관입니다. 탁월한 학교의 학생들은 자신을 이끌고 돌보는 교사와 관리자를 신뢰하기 때문에 이러한 도전을 수용하고 응답합니다.

학부모들은 이러한 의도적인 교육과정을 알고 이해하며 소중히 여깁니다. 그들은 학교의 본질적 목적을 믿고 지지하기에, 필요하다면 추가적인 재정적 부담을 감수하고서라도 자녀를 이러한 학교에 보내기로 선택합니다(Coleman, 1987a, 1987b, 1991). 교회 또한 이 학교를 소중히 여기는데, 그 이유는 학생들이 다음과 같은 것을 배울 수 있기 때문입니다.

> 복음에 담긴 희망의 메시지를 듣고, 이 메시지에 기초하여 하느님을 사랑하고 섬기며, 그리스도와 중요한 인격적 관계를 맺고, 희망을 간직하면서도 악의 존재와 개인의 죄를 인정하는 인간

조건에 관한 복음의 실제적 관점을 공유할 수 있기 때문입니다. (가톨릭 학교 교육의 종교적 차원, 1988, 8항 참조)

사회 역시 탁월한 학교들을 가치 있게 여기는데 이는 이 학교들이 국가의 미래 지도자들을 양성하기 때문입니다. 사회는 학생들이 탁월한 학교에서 배운 도덕적이고 지적인 가르침을 통해 시민 정신이 부여한 권리와 책임을 다한다는 점을 알고 있습니다. 또 나아가 탁월한 학교는 학생들에게 공동선을 기반으로 의사 결정을 내릴 수 있는 능력을 심어 줍니다.

교육적 역량과 교육적 탁월성을 이론적으로 구별했던 Sergiovanni(1995)의 관점에서 다음과 같은 질문이 제기될 수 있습니다. 그렇다면 가톨릭 교육자가 전문적 역량의 토대 위에 가톨릭 교육의 탁월성이라는 달성하기 어려운 목표를 향해 노력할 때 무엇을 염두에 두어야 할까요? 이 질문은 성경과 교회 전승 안에서 엄선한 문헌들을 고찰하는 데 있어 주요한 초점이 되었습니다.

문헌 고찰을 진행하는 동안, 우리는 가톨릭 교육자가 사도직의 중심인 본질적 목적을 더 염두에 둔다면, 학교와 교실에서 그 목적을 더 잘 드러내도록 노력할 수 있을 것이라는 믿음을 갖고 가톨릭 교육자들이 무엇을 왜 하는지를 이해하고자 노력했습니다. 우리는 또한 좋은 가톨릭 교육자가 자신의 소명에 대한 '마음 챙김'을 업무의 주요 초점이자 특징으로 삼을 때 진정으로 탁월한 교육자가 될 것이라고 주장했습니다.

우리는 문헌 고찰을 통해 첫째로 성경이 모든 그리스도인의 소명을 어떻게 묘사했는지, 둘째로 가톨릭 교육자의 소명이 제2차 바티칸 공의회 이전과 이후 어떻게 묘사되어 왔는지를 보았습니다. 문헌 고찰에서 개발된 개념적 틀은 가톨릭 교사와 관리자들이 자신의 '일'을 청소년을 위한 '사도직'으로서 여길 수 있는 신학적 근거를 제시하며, 주님의 제자들에게 모든 민족에게 가서 가르치라는 성경적 명령이 가톨릭 교육자의 소명에 어떻게 적용되는지를 보여 주었습니다.

또한 성경과 교회 전승에 대한 고찰을 통해 가톨릭 교육자의 소명이 가정, 교회, 시민 공동체에 얼마나 중요한지(그리고 지금도 여전히 중요한지) 알 수 있었습니다. 가톨릭 교육자는 다음 세대의 가톨릭 성인들, 특히 그들의 도덕적·지적 능력을 형성할 부모, 교회, 사회의 중요한 책임을 위임받았으며, 이는 특별한 양성 없이는 수행할 수 없고 또 수행해서는 안 되는 책임입니다. 청소년에게 '진정한 양성'을 제공할 수 있는 잘 훈련된 교육자가 없다면 가정, 교회, 국가의 더 나은 미래를 상상하기 어렵습니다.

가톨릭 교육자의 소명에 관해 이야기하는 이 시점에서, 이 규범적 틀을 학교의 일상생활과 연관된 몇 가지 중요한 실천적 문제에 대해 고려할 필요가 있습니다. 하느님께서 교사와 관리자를 부르시어 학생들을 위해 발휘하게 하신 도덕적 탁월함을 상상함으로써 신학적 덕목에 초점을 맞출 것입니다. 탁월함은 달성하기 어려운 것이지만 성취할 수 있음을 알고 있습니다. 특히 가톨릭 교육자들에게 탁월함은 일종의 신학적 도전으로서 믿음, 희망, 사랑이 젊은이들에게 주는 구원의 효과에 대한 참된 증거를 오늘날 학생들에게 구현하는 일입니다.

• **신앙과 사명 — 하느님의 말씀을 염두에 두는 것**

가톨릭 교육에서 주체는 개별 학생이고 교육과정은 진정한 양성이지만, 가톨릭 교육의 핵심은 가톨릭 교육자의 소명입니다. 가톨릭 교육은 부모가 자녀의 지적 발달뿐만 아니라 더 중요한 종교적 관점에서 자녀의 도덕적 양성을 도울 수 있도록 하느님께서 각 세대에 부르시는 이들의 관대함에 달려 있습니다.

가톨릭 교사와 관리자는 청소년 교육에 대한 책임을 맡은 가시적 제자 공동체를 구성합니다. 정신과 마음을 겸비한 교육자로서 이들은 신적 은총과 인간 본성에 모두 응답해야 하는 복잡한 기술을 익혀야 합니다. 이 기술은 다양한 직물을 엮어 화려한 벽걸이 양탄자를 만드는 장인의 솜씨와 매우 유사합니다. 가톨릭 교육자들은 하느님, 부모, 동료 교사들과 협력하여 하느님께서 각 학생의 영혼에 불어넣으신 신적 모습과 유사성을 성숙시키기 위해 노력합니다. 무엇보다 교육자들은 자기 모범으로 가르침으로써 이러한 교육적 결과를 촉진합니다.

신학적 덕목인 신앙은 교육자들에게 하느님의 은총을 제공하면서 그들이 매일 마주하는 당혹스럽고 종종 예측할 수 없는 많은 도전 속에서 하느님께서 그들을 부르시고 사명을 주셨으며, 파견하시고 복음을 선포할 힘을 주셨다는 확신을 잃지 않도록 용기를 줍니다. 이러한 신학적 덕목이 주는 용기와 자신감이 없다면 교실과 학교에서 벌어지는 일상적 어려움과 도전들은 금세 불평거리가 되고 고질적 문제들은 걸림돌이 되어 청소년 교육의 필요를 충족시키는 데 필요한 인간적 자원을 고갈시켜 버립니다. 일단 인간적 자

• 청소년에게 가치를 전수하는 부르심에는 가톨릭 교육자의 용기를 필요로 합니다. 학교에서 교육자들이 용기 있게 행동한 세 가지 사례를 찾아보십시오.

A) ________________

B) ________________

C) ________________

• 자신의 사명을 완수하기 위해서 가톨릭 교육자들은 자신의 노력이 효과적일 것이라는 확신을 가져야 합니다. 학교의 교육자들이 큰 자신감을 보였던 세 가지 상황을 찾아보십시오.

A) ________________

B) ________________

C) ________________

원이 고갈되면 청소년을 교육하는 일은 단순한 직업으로 전락하고 교육적 의사 결정은 계약 요건에 따라 좌우됩니다. 이로 인해 가톨릭 교육자에게 동기를 부여하는 신학적 목적, 즉 협조자인 하느님과 교육자 공동체가 서로 사랑하고 충성하기로 맹세한 계약이 담긴 소명에 대해 항구한 용기와 자신감이 사라지게 됩니다.

청소년을 교육하는 고된 일에 자신의 삶을 바치는 데 필요한 용기와 자신감을 드러내는 것은 신앙으로 은총을 받은 마음의 증거가 됩니다. 그리고 이러한 은사를 간직한 교사와 관리자는 성령께서 자기 삶 속에 현존하고 활동하신다는 사실을 염두에 둡니다. 그들은 말과 행동을 통해 용감하게 복음을 선포할 수 있으며, 신앙으로 인해 각 교육자가 복음을 선포할 때 탁월함이 드러납니다.

그러나 청소년을 교육하는 현실 세계에서는 아무리 가장 조직적인 교육자라도 학교에서 일어나는 일상적인 일들로 인해 교실과 학교에서 그들이 존재하는 본질적 목적을 잊기 쉽습니다. 이 점을 고려할 때 가톨릭 교육자들은 매일 15분 정도 자신의 소명을 되새기는 시간을 가져야 합니다. 이 침묵의 시간은 오아시스가 되어 잠시 멈춰서 교실과 학교에서 자신이 존재하는 본질적 목적에 집중할 수 있는 회복의 자리가 될 수 있습니다.

예를 들어, 관리자는 사무실과 강의실을 떠나, '여기저기 돌아다니는 관리'(Frase & Hetzel, 1990)가 아니라 목적에 집중하지 못하게 만드는 현실의 분주함에서 벗어날 수 있는 조용한 장소를 찾아야 합니다. 그곳에서 그들은 앞에서 살펴본 사명 부여 이야기와 같은 성경 본문을 읽고 묵상할 수 있습니다. 그러나 가톨릭 교육자는 이 본문을 2천 년 전에

'마음 챙김'은 가톨릭 교육자가 자기 삶과 일과 세상에 관한 신학적 관점을 얻을 수 있도록 돕는 성찰적 실천 행위를 은유적으로 표현한 것입니다.

- 가톨릭 교육자로서 당신의 사명을 위해 자신에게 영적 양육과 영양을 공급하라는 하느님의 부르심에 어떻게 응답할 수 있습니까?
- 당신의 일간 및 주간 일정 속에서 혼자만의 시간을 갖고 소명과 당면한 사건들에 대해 성찰하는 시간이 있습니까?
- 교구의 교육 부서에서 매년(아마도 여름에) 당신 자신의 소명과 성장, 발전을 성찰하며 더 진정한 가톨릭 교육자가 되기 위해 계획할 수 있는 충분한 시간을 어떻게 마련할 수 있다고 생각합니까?
- 학교의 모든 교육자가 공동 소명에 대해 기도하고 성찰하는 시간을 언제 어떻게 가질 수 있겠습니까?

부활하신 주님께서 제자들에게 말씀하신 것처럼 읽는 대신, 주 예수님께서 자신에게 직접 말씀하신다고 여길 수 있습니다. 예를 들어, 주님께서 제자들의 무뎌진 마음과 믿음의 부족을 극복하라고 독려하시는 것과 성령께서 어떻게 그들을 통해 역사하셔서 하느님의 구원 계획을 선포하셨는지 묵상할 수 있습니다. 그리고 자신이 믿음의 은총을 받았으며 하느님께서 자기 안에 현존하신다는 사실을 깨닫고 이 모든 것을 가능하게 하신 하느님께 겸손히 감사를 표할 수도 있습니다. 이렇게 하여 하느님의 말씀이 그들의 마음을 인도하시도록 허락한 관리자는 학교의 실제 세계로 나아가 학교 공동체를 돌아다니며 부활하신 주님을 드러내라는 주님의 새로운 부르심을 발견할 수 있습니다. 교사들 또한 매일 15분씩 자신의 소명을 숙고할 시간을 가져야 합니다. 예를 들어, 교회 유산인 교황 연설과 회칙에 포함된 주제들을 생각해 볼 수 있습니다.

이 풍부한 문헌들을 정독하면서 교사들은 하느님께서 특별히 자신을 제자로 부르셨으며, 이 세대의 도덕적·지적 쇄신을 위해 자기 안에 현존하시고 자신을 통해 일하신다는 사실을 깨닫는 놀라운 경험에 감동할 수 있을 것입니다. 예를 들어, 교사들은 자신이 복음의 봉사자일 뿐만 아니라 부모, 교회, 사회의 봉사자임을 묵상할 수 있습니다. 또한 교사들은 학생들에게 교회의 메시지를 더 효과적으로 전달하기 위해 어떻게 해야 하는지, 그리고 언젠가 자녀를 갖게 될 다음 세대의 가톨릭 부모들이 교사의 가르침에 담긴 메시지를 깨닫고 자녀의 도덕적·지적 성장을 도우려면 어떻게 해야 하는지를 고민할 수 있습니다.

이와 더불어, 교사들은 하느님께서 자신의 삶을 어떻

게 죄의 영향에서 벗어나도록 부르셨는지, 그리고 회심의 은총으로 얻은 지혜로 충만해져 특히 청소년기의 시련을 겪는 학생들에게 덕스러운 삶과 그 의미를 이야기할 수 있게 하셨는지 염두에 둘 수 있습니다. 마지막으로, 이 교사들은 오늘날 세상에서 작용하는 악의 세력에 대해 생각하며 그 악의 뿌리를 제거하도록 하느님의 능력을 받을 수 있습니다. 이러한 이상을 통해 영감을 받은 교사들은 학생들과 함께 죄를 비판적으로 바라볼 뿐 아니라 하느님께서 주신 재능을 어떻게 활용하여 교회의 사회적 가르침을 증진하는 데 봉사할 수 있는지 나눌 수 있습니다.

또한 공동체로서 가톨릭 교육자들은 공동의 소명에 더 충실하기 위해 매일 모이는 것을 고려할 수 있습니다. 예를 들어, 가톨릭 교육자 공동체는 매일 하루를 시작하기 전에 모여 간단한 성경 구절이나 교회 전승에서 발췌한 구절을 함께 나눌 수 있습니다. 학기 내내 각 교사와 관리자는 이 독서 내용을 짧게 묵상하며 자신이 직면한 일상의 도전에 적용하는 시간을 가질 수 있습니다. 이 짧은 예식은 교직원들이 특정 개인과 그의 필요를 언급하면서 중재기도를 드리는 것으로 마무리할 수 있습니다.

마찬가지로 가톨릭 교육자 공동체는 비슷한 기도 예식을 하면서 하루의 학교생활을 마감하는 것을 생각할 수 있습니다. 이때 교사와 관리자는 성경의 짧은 구절을 지정(또는 선택)하여 학교 방송을 통해 낭독한 후 모든 공동체와 교육자, 학생을 위해 짧은 묵상을 제공할 수 있습니다. 묵상 후에는 교사, 관리자, 학생들이 이 목적을 위해 마련된 책자에 작성한 중재기도를 읽고, 눈에 잘 띄는 학교 로비나 경당 입구에 비치하는 것으로 마무리할 수 있습니다.

가톨릭 교육자의 소명을 염두에 두기 위해 매일 노력하는 것은 가톨릭 교육 실천의 매우 중요한 측면입니다. 이러한 활동은 교사와 관리자들이 청소년 양성에 평생을 바치도록 동기를 부여한 목적에 집중하게 합니다. 그러나 교육자가 자신이 하는 일을 왜 하는지를 염두에 두는 것이 일상적 활동에서 중요한 만큼 이를 위한 월별, 연간 노력도 또한 중요합니다.

한 학기에 두 번 또는 매달 한 번 등교를 취소하고 교사와 관리자가 모여 성찰과 영적 쇄신을 위한 하루를 보내는 양성적 직무 연수를 마련할 수 있습니다. 이날이 공식적인 일정이든 비공식적인 일정이든 상관없지만 이날은 교구 내 청소년 교육에 도덕적 책임을 지닌 학교 사목자가 주관하는 미사로 마무리해야 합니다.

더 공식적 방법으로는 일 년 동안 가톨릭 교육자 소명의 특정한 측면을 성찰하고 실제적인 지침을 제공하는 분기별(또는 월별) 피정 형식을 진행할 수 있습니다. 사람들의 관심 있는 주제나 현재 이슈를 다루면서 소명에 집중하는 덜 형식적인 접근 방식도 가능합니다. 매년, 아마도 학기 시작 전에 전체 교직원이 며칠간의 피정을 통해 자신의 사명에 대해 집중할 수 있습니다. 이 피정의 목적은 간단합니다. 가톨릭 교육자들이 자신의 사도직에 더 큰 자신감과 용기를 가질 수 있도록 신앙을 다시 불러일으키는 것입니다.

가톨릭 교육자들이 부활하신 주님을 만나고 그분의 영안에서 새로워지기 위해 매일, 매월, 매년 기도를 통해 성찰하는 시간을 갖는 것은 그들이 바쁜 일상에서 소명을 충실히 구현하도록 도움이 될 수 있습니다. 성령의 힘으로, 가톨릭 교육자들은 전문가로서 또한 부활하신 주님 안에서 가장 완벽하게 표현된 하느님 사랑의 상징으로서 학교 공동체의 중심에 설 수 있습니다. 가톨릭 교육자들은 부활하신 주님을 길이요 진리요 생명으로 섬기는 신앙의 문화를 전파하는 사명을 염두에 둠으로써 자신들의 신앙을 성숙시킬 뿐 아니라 청소년의 참된 필요를 돌볼 때 더 큰 용기와 자신감을 얻게 됩니다.

수업의 시작이나 끝 또는 일과 중에 잠시 멈추는 시간은 교사와 관리자들에게 그들이 함께 모인 본질적인 목적을 상기할 수 있습니다. 일일 기도 모임이나 분기별 피정 같은 간단한 행사는 학교 공동체의 모든 구성원에게 가톨릭 교육자가 자신이 하는 일을 왜 하는지를 일깨워 주는 강력한 도구가 될 수 있습니다. 기도에 대한 강조는 학생들에게도 그들이 부르심을 받은 존재임을 알려 주는 강력한 상징이 됩니다. 마찬가지로 교육 공동체가 그들의 교육적 사도직의 핵심인 본질적인 목적에 집중하게 하는 분기별, 반기별, 연례별 행사는 교사와 관리자들에게 동료와 학생들을 위해 받은 부르심이 무엇인지 상기시켜 줍니다.

교육자들이 학교의 목적을 염두에 두고 이를 효과적으로 전달할 때 교육적 탁월성은 이루어집니다. 잊지 말아야 할 점은, 신학적 덕목인 신앙은 탁월한 가톨릭 교육자들이 사도직에 헌신하고 그 요구를 완수하는 데 필요한 용기와 자신감을 제공한다는 점입니다. 신앙으로 충만한 제자만이 청소년들에게 복음을 매우 실질적인 방식으로 전할 수 있습니다.

대다수의 젊은 교육자가 자기 소명을 의식적으로 염두에 두고 행동할 수 있는 곳은 종립학교뿐이라고 여기는 것은 참으로 안타까운 일입니다. 또한 교사와 관리자들이 수 세기에 걸쳐 사람들에게 큰 의미를 주었던 신앙과 문화의 통합을 청소년들에게 의도적으로 상징화하는 신앙 공동체를 형성할 수 있는 곳이 오로지 종립학교뿐이라고 하는 것 또한 안타깝습니다. 우리는 모든 학생이 교사와 관리자들이 하느님께서 그들을 교육자로 부르신 목적, 즉 청소년들에게 그리스도교 신앙을 전하는 일에 봉사할 때 성취되는 교육적 탁월성을 경험할 수 있기를 바랄 뿐입니다.

• 희망과 이상주의 — 말씀이 사람이 되시다

학생들을 절망에 빠뜨릴 수 있다고 생각되는, 그들이 직면하는 세 가지 문제를 열거해 보십시오.

A) ________________

B) ________________

C) ________________

성경과 교회 전승을 마음에 새기는 것은 가톨릭 교육자가 하느님의 살아 계신 현존에 더욱 마음을 열고 소명이 제기하는 도전에 더 잘 대응하기 위한 중요한 첫걸음입니다. 가톨릭 교육자는 매일 또는 학년마다 일정 시간을 하느님과 함께하는 데 할애함으로써, 하느님께서 자기 삶과 업무에 생동하는 힘이 되시도록 초대할 수 있습니다. 이를 통해 하느님께서 교실과 학교라는 울타리에서 일어나는 일뿐만 아니라 그에 대한 반응도 만들어 가시도록 할 수 있습니다. 가톨릭 교육자는 이러한 목적을 염두에 두면서 학교 교육의 실제 현장에 몰입하여 학생들에게 더 진정한 양성을 제공할 수 있습니다.

악이 날마다 그 해로운 영향을 드러내는 세상에서, 많은 사람이 하느님께서 세상에서 그분의 구원 목적을 여전히 실현하신다는 확신을 가지기 어렵습니다. 오늘날 비극은 연이어 일어나며, 사회적 부패의 파멸적 흐름을 막으려는 가장 고귀한 노력조차도 무력해 보입니다. 특히 학생들의 삶에서 이러한 영향이 더욱 두드러지게 나타나는 것을 목격하는 교육자라면 누구나 좌절과 절망을 경험하기 쉽습니다. 궁극적으로 인류의 잃어버린 순수성을 회복하기 위해 아무것도 할 수 없을 정도로 무언가 끔찍하게 잘못되었다는 결론에 이르기도 합니다. 결국 두려움은 희망을 밀어내고, 사람들은 절망의 파도를 잠재울 새로운 신을 헛되이 찾아 헤맵니다.

절망이 널리 퍼져 있을 때, 교육자들은 용기를 잃고 냉소적인 태도를 보이며 자신의 역할이 단지 청소년의 지적 양성만을 위한 것이라 여기고 도덕적 양성이라는 더 어려운 과제를 소홀히 하기가 매우 쉽습니다. 이러한 합리화는 일부 교육자들에게 도덕적 책임을 회피할 수 있는 편리한 수단을 제공하지만, 가톨릭 교육자들은 청소년들이 절망 속에 있을 때 부활하신 주님께서 열한 제자들에게 불신에서 벗어나라고 격려하신 것처럼(마르 16,14) 그들도 격려해야 함을 인식해야 합니다. 가톨릭 교육자들이 자신의 소명을 마음에 새길 때, 주님께서는 그들의 믿음에 대한 어떤 위협도 극복할 수 있는 용기와 하느님의 말씀을 선포할 자신감을 주십니다. 가톨릭 교육자들이 반드시 기억해야 할 것은, 이러한 증거가 없다면 청소년들은 오늘날 그들을 위협하는 가장 치명적인 전염병, 즉 수천만 명의 미국 젊은이들을 감염시키는 Medved(1996)가 '비관주의 역병'이라고 부른 전염병에 대한 자연적 저항력을 점차 상실하게 될 것이라는 사실입니다.

교황청 가톨릭 교육성(Congregation for Catholic Education)은 문서에서 가톨릭 교육자가 매일 교실과 학교에서 마주치는 현실이 바로 학생들임을 상기시켰습니다. 젊은이들은 불안과 유혹이라는 두 현실을 경험하는데, 이는 인간적 무지에서 비롯되었을 뿐만 아니라 무엇보다도 죄악을 미덕의 삶에 대한 합리적 대안으로 여기는 비관주의적 태도에서 두드러지게 나타납니다. 자신의 소명을 마음에 새긴 가톨릭 교육자는 자기 삶에도 죄의 흔적이 분명하게 드러난다는 점을 인식하고, 마음 챙김을 통해 죄의 거짓된 유혹을 넘어설 수 있는 은총을 받습니다. 궁극적으로 가톨릭 교육자가 학생들에게 자기 삶에서 죄의 존재를 직시하고 이를 극복하고 비관주의에서 벗어나도록 도울 수 있는 것이 바로 죄로부터의 회심입니다.

가톨릭 교육자의 소명은 복음적 희망의 증인이 되는 것입니다.

- 희망을 잃고 절망으로 개인적인 어려움을 겪었던 학생의 사례를 살펴보십시오.
- 그 학생의 삶에서 무엇이 결핍되어 있었습니까?
- 동료 교사와 관리자들이 당신이 그 학생에게 더 잘 봉사하기 위해 당신을 도울 어떤 구체적인 방법이 있습니까?
- 학교 공동체의 모든 구성원이 절망의 문제에 직면할 기회를 제공함으로써 학교가 사목적 의무를 수행할 수 있는 구체적인 방법들을 제시해 보십시오.

교육자나 학생 누구나 비관하거나 절망할 필요는 없습니다. 비록 세상이 '죽음의 문화'(요한 바오로 2세, 1995)를 받아들였을지라도, 교사와 관리자는 말과 행동을 통해 학교 공동체가 복음으로 돌아서고 구원을 경험하도록 상기시킬(때로는 촉구할) 수 있습니다. 따라서 가톨릭 교육자들이 교실과 학교에서 부활하신 주님의 대리자로서 학생들에게 절망이나 결국 죽음으로 이끄는 비관주의에 맞서게 하는 힘은 바로 신앙입니다. 가톨릭 교육자들은 비관주의에 물든 행동과 태도들에 예언자적으로 도전하면서 모순의 표징으로서 학생들 앞에 서 있습니다. 즉 가톨릭 교사와 관리자들은 절망이 자유롭게 퍼져 있는 곳에서 희망의 복음을 선포합니다.

매우 실질적인 측면에서, 신학적 덕목인 희망은 관리자들에게 오늘날 학생들을 괴롭히는 비관주의의 파괴적 흐름에 기꺼이 맞서라고 요구합니다. 예를 들어, 교장은 행정 및 교직원 회의의 주안점을 바꾸어, 일상적 업무와 행정의 문제를 덜 강조하는 대신, 학교의 주요 관심사인 청소년 양성을 강조하도록 의제를 확대하는 방식으로 대응할 수 있습니다. 교장이 일정, 징계, 교과목 편성, 수업 감독에 대해 걱정하며 과도한 시간을 소비하는 대신 각 행정 회의를 사도적 성찰로 시작하여 동료들을 오늘날 청소년이 직면한 비관주의에 대해 깊이 생각하도록 이끌 수 있습니다. 그런 다음 행정직원들은 이 문제의 근원을 파악하고 학생들을 돕기 위해 자신과 동료들이 할 수 있는 일이 무엇인지에 대해 활발히 논의할 수 있습니다. 이 교육자들은 관료적 정책과 규정을 따르는 것에만 몰두하기보다, 성경의 선택된 구절을 읽으며 하느님께서 그들에게 무엇을 요구하시는지 물을 수 있습니다. 교장들은 학생들의 최선의 이익을 위해 무엇을 해야 하는지에 대한 공감대에 힘을 얻고, 자신의 역할이 경영이 아닌 사목적 사도직에 가깝다고 인식하며 업무에 임할 수 있습니다.

청소년들이 직면한 비관주의에 도전할 필요성을 고려할 때, 교직원 회의는 교사들이 자신의 소명과 교실에서 마주하는 현실적인 문제들을 깊이 고민할 수 있는 다양한 기회를 제공하도록 다시 초점을 맞춰야 합니다. 교직원 회의는 문서나 메모로 충분히 전달할 수 있는 직무적이고 행정적인 문제에만 집중하는 대신 교육 대상인 학생들에 초점을 맞추는 것이 중요합니다. 예를 들어, 교사는 교실과 복도, 방과 후 활동에서 비관주의가 나타나는 징후들에 대해 또는 학생의 가정에서 나타나는 비관주의를 인지하였을 때 이를 보고하고 논의할 수 있습니다. 또한 교사들은 수집한 사실을 검토하며 비관주의 태도와 행동의 근본 원인을 찾아낼 수 있습니다. 교사는 자신의 소명을 염두에 두면서 학교생활에 악이 침투했을 때 학생들이 더 효과적으로 대처하도록 하느님께서 그들에게 무엇을 요구하시는지 기도하는 마음으로 관심을 기울일 수 있습니다.

인간 실존에서 종교의 자리에 대한 회의주의, 무차별주의, 해이는 필연적으로 도덕적 기준의 점진적인 하락으로 이어지며, 가톨릭 교육자들에게는 탁월한 학교가 무엇을 지지하고 무엇에 반대하는지를 분명히 보여 줍니다. 악에 맞서는 문제에 있어서 가톨릭 교육자들에게는 선택의 여지가 없습니다. 역사가 분명히 증명했듯이, 교사가 악한 행동과 태도를 그대로 방치하면 악의 강력한 영향력으로 인해 학생들은 필연적으로 하느님이 인간 실존의 중요한 문제와 무관하다고 판단하게 됩니다. 그러면 악은 악에 악을 더하여 다음 세대에까지 그 해로운 영향을 미치며 훨씬 더 큰 결과를 초래합니다.

복음에 반대되는 행위들에 맞서는 것은 누구에게나 어려운 일이지만, 가톨릭 교육자는 청소년들이 도전 없이 방치된다면 결국 실제적 무신론자, 즉 하느님의 구원 능력에 대한 희망을 거의 또는 전혀 갖지 않는 사람이 될 수 있다는 사실을 알고 있습니다. 비관주의와 절망이 지배하는 곳에서, 죽음은 결국 타락한 삶 즉 인류가 하느님 희망의 능력을 계속해서 회피하는 삶으로 이어집니다.

일부 교육자들은 학생들의 잘못된 행동에 맞대응하는 것이 사소하고 청소년 교육과 무관하며 부모에게 맡겨야 할 문제라고 생각할 수 있습니다. 하지만 가톨릭 교육자들에게 학생들의 행동과 그들이 보여 주는 태도는 양성 과정의 핵심입니다. 가톨릭 교사와 관리자에게 희망은 사람들이 옳고 그름, 불필요한 것과 중요한 것, 일시적인 것과 필수적인 것을 식별하는 기준을 제시하는 규범입니다.

따라서 가톨릭 교육자들은 첫째, 자기 삶에서 모범을 보이고, 둘째, 자기 삶과 학생들의 삶, 그리고 공동체에서 다양한 방식으로 악에 맞서 이러한 이상을 옹호함으로써 청소년의 도덕적·지적 양성에 봉사합니다. 교사와 관리자가 '애들이니까' 혹은 '잊어버려, 별일 아니야, 아이들도 우리처럼 극복할 거야'라고 말하며 복음을 전해야 할 의무를 소홀히 하는 것은 가톨릭 교육자의 소명에 어긋나는 것입니다. 결국, 이러한 선의로 행한 방치는 악이 학교 공동체 내에서 자리 잡는 결과를 초래하고, 궁극적으로 악의 세력은 학교의 본질적 목적을 약하게 만들 것입니다.

그리스도교 복음에서 비롯된 희망은 가톨릭 교육자들에게 성찰의 시간을 마친 후 학교라는 현실 세계로 되돌아가 자신이 하는 모든 일에 희망이라는 신학적 덕목을 확장하라고 도전합니다. 가톨릭 교육자들은 교실과 학교에서 마음 챙김을 통해 이 덕목을 선포하며, 학생들의 굳어진 마음을 깨뜨리고 그들의 불평을 이겨 내며, 하느님 구원의 은총을 효과적으로 전하는 사도가 될 수 있습니다. 이 교육자들은 하느님께서 계속해서 젊은이들을 부르시어 그들의 삶을 온전히 하시고, 세상으로 나아가도록 이끄시며, 그리스도 안에서 모든 것을 새롭게 하신다는 복음을 전합니다. 부활하신 주님 안에서 신앙이 주는 용기와 자신감만 있다면 누구도 절망할 필요가 없습니다.

가톨릭 교육자는 희망이라는 신학적 덕목에서 비롯된 이상주의 없이도 청소년의 지적 욕구를 충족시키는 좋은 교사나 관리자가 될 수 있을 겁니다. 그러나 자신의 소명을 망각한다면 그들은 학생들에게 희망의 덕목에서 오는 낙관주의를 경험하고 그리스도의 구원 사명에 삶을 바쳐 응답하는 도덕적 양성을 제공할 수 없기에, 그들은 탁월한 가톨릭 교육자가 될 수 없을 것입니다.

학생들에게 봉사하기 위하여 가톨릭 교육자들은 그들의 사명을 방해하려는 악의 세력에 맞서야 합니다.

- 양성적 측면이 분명하다고 믿었지만 그 부분을 외면하도록 강요받았던 상황에 대해 설명해 주십시오.
- 가르침의 양성적 측면을 외면하고 학업적 측면에만 초점을 맞추도록 강요받았을 때 당신이 주로 경험했던 상황들을 설명해 주십시오.
- 어떠한 구체적인 방법으로 이러한 경향을 되돌려 당신의 업무를 사도직으로 전환할 수 있겠습니까?

가톨릭 교육 이론의 유산에 뿌리를 둔 이러한 높은 이상은 가톨릭 교육자에게 탁월함은 희망으로 가득 찬 마음, 즉 학생들에게 '시대의 표징'을 그리스도교 복음의 빛 안에서 해석할 수 있는 능력을 길러 주는 미덕이 필요하다는 것을 상기시켜 줍니다. 마찬가지로 탁월함은 교사와 관리자가 모든 것을 지지하길 바라는 세상에서 그들이 무엇인가를 지지하기 때문에, 초기에는 학생들을 위한 그들의 노력이 인정받지 못할 수도 있다는 것을 의미합니다.

• 사랑과 증거 — 말씀이 우리 가운데 계시다

가톨릭 교육자들에게 성경과 전승은 하느님께서 인류 역사 한가운데에 계속 현존하시며 활동하신다는 살아 있는 증거입니다. 성경과 전승은 하느님께서 당신 백성에게 무엇을 약속하셨고, 무엇을 위해 그들을 창조하셨으며, 그들을 무엇으로 부르셨는지를 생생하게 상기시켜 줍니다. 또한 인간이 하느님 구원의 은총을 얼마나 절실히 필요로 하는 존재인지를 일깨워 줍니다.

이 유산을 염두에 두고 학교생활과 업무에 적용하는 것은 가톨릭 교육자에게 신앙과 희망이라는 신학적 덕목을 강화하고 키워 주는 중요한 훈련입니다. 마음 챙김은 하느님과 그분의 지속적인 구원 활동에 대한 확신을 키워줍니다. 또한 마음 챙김은 가톨릭 교육자가 희망이라는 신학적 덕목에 기초한 비전을 통해 학생들이 비관주의와 죄에서 벗어나도록 도울 뿐만 아니라 회심의 은총을 통해 믿음과 희망으로 성장할 수 있도록 영감을 줍니다. 가톨릭 교육자가 복음을 선포할 때 그는 너그러운 마음에서 우러나오는 거룩한 일, 즉 사랑의 수고에 참여하게 됩니다. 가톨릭 교육자에게 복음 선포는 주일 전례에만 국한된 경험이 아니라 매일 학생들에게 하느님의 살아 있는 말씀을 전하는 행위입니다.

가톨릭 교육자의 소명은 학교와 교실이라는 귀한 공간에서 하느님의 구원 메시지를 전하라는 부름입니다. 그렇다면 가톨릭 교육자로서 소명을 다하려는 이들에게 사랑이라는 신학적 덕목은 무엇을 요구할까요? 바오로가 코린토 교회 신자들에게 보낸 첫째 편지는 신학적 덕목인 사랑이 청소년을 교육하려는 이들에게 부과하는 엄격한 요구를 성경적 관점에서 조명합니다.

어떤 사람들은 종교 수업과 종교적인 상징을 실천으로써 '가톨릭' 학교를 정의합니다.

- 성경과 교회 전승은 가톨릭 학교의 정체성을 무엇이라고 알려 줍니까?
- 바오로 사도는 가톨릭 교육자와 학생들 사이의 대화와 관계에서 일어나는 일에 대해 무엇을 제안합니까?
- 교육자는 학생과 나누는 대화에서 어떤 방식으로 학교의 가톨릭 정체성을 가장 효과적으로 전달할 수 있습니까?
- 어떻게 이러한 문제들이 가톨릭 교육자 소명의 '핵심'이 될 수 있습니까?

이 편지에서 바오로는 몸의 은유를 사용하여 제자가 해야 할 일과 예수 그리스도라는 확실한 기초 위에 세워지기 위해 각자 살펴야 할 일을 설명합니다(1코린 3,10~11 참조).[2] 바오로에게 있어 핵심적인 문제는 그리스도교 공동체의 개별 구성원이 하느님께서 각자에게 고유한 은사를 주시고 하나의 공동체로서 하느님의 나라 건설을 위해 일하도록 부르신 방법을 이해해야 한다는 것입니다. 몸은 많은 지체가 있고 각 지체가 몸이 잘 기능하는 데 역할을 함으로써 그 탁월성을 표현하는 것처럼, 바오로는 코린토 신자들에게 그리스도교 공동체도 다양한 은사를 가지고 있으며 각 은사는 공동체의 선한 기능을 증진하기 위해 하느님께서 주신 것이라고 상기시킵니다.

그리스도교 공동체의 탁월성은 자신의 업적에 주목하여 비슷한 은사를 풍부하게 소유하지 못한 다른 구성원들과 차별화되는 구성원 개인의 완전함에서 발견되는 것이 아닙니다. 오히려 구성원 각자가 공동체의 목적을 달성하기 위해 자신의 은사를 기꺼이 바칠 때 그 탁월성이 드러납니다. 이 공동체에는 이기적인 개인주의가 들어설 여지가 없으며, 마찬가지로 무의식적인 순응이 들어설 여지도 없습니다. 대신, 고유한 개인이 그리스도교 공동체의 일원으로서 자신의 권리를 받아들이고 그에 수반되는 책임을 행사할 때, 바오로가 '은총 아래 있는 자유'[3]라고 부르는 탁월함이 달성됩니다.

바오로 사도가 그리스도교 공동체에 상기시켰듯이, 가톨릭 교육자들에게도 각 부분이 잘 기능하지 않으면 전체가 결핍된다는 사실을 상기시킵니다(1코린 12,12~26). 교육 공동체 전체가 원활하게 기능하는 것은 교사나 관리자 개인이 얼마나 뛰어나느냐가 아니라, 하느님과 이웃에 대한 사랑이 학교 공동체 구성원 각자에게 전체 교육 사업의 선한 기능에 기여하도록 얼마나 동기부여를 하는가에 달려 있습니다.

바오로에게 있어 인간이 공동선을 위해 자신의 이기심을 희생할 수 있게 하는 신비는 바로 사랑입니다. 그는 코린토 신자들에게 다음과 같이 편지를 썼습니다.

> 사랑은 참고 기다립니다. 사랑은 친절합니다. 사랑은 시기하지 않고 뽐내지 않으며 교만하지 않습니다. 사랑은 무례하지 않고 자기 이익을 추구하지 않으며 성을 내지 않고 앙심을 품지 않습니다. 사랑은 불의에 기뻐하지 않고 진실을 두고 함께 기뻐합니다. 사랑은 모든 것을 덮어 주고 모든 것을 믿으며 모든 것을 바라고 모든 것을 견디어 냅니다. (1코린 13,4~7)

가톨릭 교육자에게 교실과 학교라는 실제는 자신의 탁월함을 시험하는 고난의 현장입니다. 가톨릭 교육자는 모든 말과 행동에서 자신과 동료들뿐만 아니라 학생들에게 인내심을 가질 때 탁월함을 드러냅니다. 그들은 친절하고 시기하지 않으며, 하느님께서 각자에게 학교의 목적을 이루기 위해 많은 은사를 주셨다는 겸손한 인식 속에서 살아갈 때 탁월함을 드러냅니다. 탁월함은 가톨릭 교육자들이 서로를 격려하고 학생들이 하느님께서 맡기신 모든 것을 온전히 이루도록 격려할 때 드러납니다. 마지막으로, 교사와 교장이 학생들에게 자신의 은사를 완성하는 것은 이기적인 목적이 아니라 학교 공동체(그리고 나아가 세상)를 위한 것임을 상기시킬 때 탁월함이 드러납니다.

탁월함은 자신과 자신의 업적을 자랑하지 않으며, 자만하지 않고 무례하지도 않은 가톨릭 교육자들의 말과 행동에서 더욱 분명하게 드러납니다. 오히려 그들은 자신의 성공이 오직 하느님의 은총으로만 가능했음을 알고, 자신의 업적에 대해 하느님께 감사를 드린다는 사실에서 탁월함이 분명해집니다.

더욱 놀라운 것은 가톨릭 교육자 자신이 경험한 상처를 극복할 때, 즉 하느님께서 자신을 용서하신 것처럼 동료들과 학생들을 용서할 때 탁월함이 드러난다는 점입니다. 그 결과, 그들은 서로를 기쁘게 받아들이고 학교에서 자신이 존재함을 즐기며, 함께 "너희는 온 세상에 가서 모든 피조물에게 복음을 선포하여라"(마르 15,15)는 하느님의 부르심을 받아들일 수 있게 됩니다.

사랑의 미덕은 모든 그리스도교 사도직의 기초입니다.

- 학교와 교실을 하느님의 사랑을 전하는 장소로 만드는 방법을 말해 보십시오.
- 교원 평가는 어떻게 관리자와 교사가 하느님이 학교에 주신 은사를 식별하고 인정하는 기회가 될 수 있습니까?
- 학교 공동체 구성원이 죄와 분열의 상처를 어떻게 치유하고 화해하는지 축하하는 예식을 계획해 보십시오.

사랑 없이는 누구도 공동선을 위해 자신의 계산적인 이기심을 초월할 수 없습니다. 사랑 없이는 다른 사람의 요구에 복종하거나 다른 사람의 잘못을 용서하는 것은 불가능합니다. 하느님의 사랑을 염두에 둔 가톨릭 교육자는 자기 말과 행동이 하느님의 말과 행동임을 깨닫고 학교 공동체의 모든 구성원이 하느님께서 사랑하신 것처럼 서로 사랑하도록 촉구합니다. 이들이 이러한 탁월함의 비전을 실현할 수 있을 때 학교와 교실은 하느님이 머무르시는 곳입니다. 학교의 완전함은 구성원들의 완전함에서 비롯됩니다.

사람들이 다음 세대에 하느님 나라를 건설하기 위하여 그리스도와 교회, 사회에 봉사할 청소년을 양성하는 일에 자신의 삶을 희생하고 참여할 수 있도록 하는 것은 바로 하느님 사랑의 힘입니다. 신앙과 희망은 가톨릭 교육자들이 청소년들의 진정한 양성을 위해 휴식과 안락함을 버리도록 영감을 주지만, 청소년 교육과 관련된 모든 피곤함과 불편함 속에서 그들이 수고할 힘을 주는 것은 바로 사랑 자체이신 하느님의 사랑입니다. 비오 12세(1945, 1979)는 가톨릭 교육자들을 세속적 교육자들과 비교하면서 이 이상을 가장 설득력 있게 선포했습니다.

> 더 거룩한 이상에 불타고 복음의 원칙에 따라 자신의 의무를 수행하기를 열망하는 다른 남성과 여성들이 있습니다. 이들은 아이들을 하느님께 드리기 위해 악으로부터 보호하고, 그리스도와 교회와 인류 사회에 가치 있는 방식으로 봉사할 사람들을 양성하기 위해 피곤함과 불편함을 감수하는 데 거부할 수 없는 이끌림을 느낍니다. 이것이 여러분의 이상입니다; 이것이 여러분의 마음을 정복하고 여러분의 삶을 바친 사랑입니다! 여러분에게 영감을 주고 여러분 일의 혹독함을 달게 하는 것은 바로 이 찬란한 이상, 하느님 자신의 사랑에 참여하는 이 사랑입니다. (p.342)

오직 하느님의 사랑만이 악의 물결이자 젊은이들을

사로잡은 비관주의를 이길 수 있으며, 그로 인해 생긴 혼돈과 황폐함을 치유할 수 있습니다.

• 요약: 신학적 마음 챙김 — 해방을 위한 진정한 교육 실천

마음 챙김과 신학적 덕목 그리고 가톨릭 교육자의 소명과의 관계에 대해 글을 쓰면서, 여러 현직 프로그램을 이끌었던 교구 고등학교의 한 교사가 떠올랐습니다. 비록 그 여선생님을 한두 번 만났을 뿐이지만, 그녀는 자신의 업무에서뿐만 아니라 가톨릭 학교가 가톨릭 교육자에게 진정으로 의미하는 바를 학교 전체에 걸쳐 모범을 보여 준다는 점에서 존경받는다는 것을 알 수 있었습니다.

매일 점심 식사를 마친 후, 이 헌신적인 교육자는 식당의 소음과 동료들의 수다를 뒤로하고 매우 조용하고 눈에 거슬리지 않게 학교 경당으로 향했습니다. 그녀는 이 학교에서 가르쳤던 20년 동안 매일 20분씩 묵주기도를 바쳤고, 동료들이 '그녀의 일상'이라 부르는 기도를 마치면 조용한 경당을 떠나 오후 수업을 가르치기 위해 교실로 가곤 했습니다. 그녀는 항상 자신의 목적을 염두에 두면서 교실로 들어갔고, 그 소중한 공간에서 말로만이 아니라 행동으로 학생들을 설득력이 있게 가르쳤습니다.

매일 그녀가 묵주기도를 바칠 때면 교사, 관리자, 학생들이 경당 옆을 지나가다가 유리창 너머로 그녀를 자주 볼 수 있었습니다. 그녀가 묵주기도를 하는 것을 보고는 그들은 그녀가 괜찮다고 생각하며 제 갈 길을 가곤 했습니다. 교목 신부는 교사와 관리자들이 그녀가 누구를 위해 기도하고 있는지, 누구를 위해 기도해야 하는지에 대해 때때로 농담을 하곤 했다고 말했습니다. 그녀는 모두가 존경하는 탁월한 가톨릭 교육자였고, 아마도 그들을 위해 기도하고 있기를 희망했을 것으로 추측합니다.

어느 날, 이 탁월한 가톨릭 교육자는 평소와 같이 묵주기도를 바치던 중 다 마치지 못한 채 갑자기 쓰러져 세상을 떠났습니다. 구급차에 실려 가는 모습을 보고 충격과 슬픔에 빠진 교사와 학생들은 학교 성당에서 묵주기도를 하며 슬픔과 고통, 고뇌를 표현하기 시작했습니다. 그곳에서 그들은 수년 동안 매일 기도하던 장궤틀에 누군가가 그녀의 묵주를 놓아둔 것을 발견했습니다. 다음 날에는 누군가 그녀의 묵주 옆에 꽃다발을 놓아두었습니다.

부활하신 주님 안에서 믿음과 희망과 사랑을 굳건히 증거한 이 여인은 자신의 전문적 역량을 신학적 탁월함으로 변화시켰고, 이를 통해 동료뿐 아니라 학생들에게 가톨릭의 인간 존재에 대한 비전을 매우 실용적이면서 강력한 방식으로 가르치는 사도직을 수행했습니다. 그녀는 자신의 영광을 추구하지 않고 학교의 목적 달성을 위해 자신의 재능을 기부함으로써 가장 강력한 증인으로 학교의 중심에 섰습니다. 그녀는 탁월한 가톨릭 교육자이자 믿음·희망·사랑이라는 매우 개인적인 미덕을 직업적 실천으로 구현한 제자였습니다.

그녀의 말과 행동은 가톨릭 교육자의 일이 단순한 직업이 아니라 거룩한 신뢰라는 것을 가르쳐 줍니다. 또한 관대한 남녀들이 가정, 교회, 사회의 발전을 위해 기꺼이 자신의 삶을 바치는 희생이 바로 사도직임을 보여 줍니다. 가톨릭 교육자는 복음의 사도로서 직업적 실천과 개인적 증거를 통해 이 세대의 젊은이들에게 사랑으로 만물을 새롭게 하시는 하느님의 능력을 선포하는 그리스도의 제자입니다. 따라서 신중한 준비 없이는 이 사도직을 수행할 수 없습니다.

가톨릭 교육자들이 그녀처럼 자신의 소명을 염두에 둔다면, 제자 됨은 과거에 선택받은 소수의 사람만을 위한 것이 아닙니다. 제자 됨은 이 시대와 하느님께서 제자들에게 맡기신 자녀들을 위해 매일 말로만이 아니라 더 중요하게 행동의 증언을 통해 실천하는 사도직입니다.

하지만 언제나 그렇듯이 하느님의 초대는 무상으로 주어지는 선물이며, 이 경우 가톨릭 교육자의 관대함을 통해 청소년에게 제공되는 선물입니다. 이 하느님의 주도권을 받아들이고 응답하는 것은 학생 개인의 몫이며, 열린 마음으로 경청할 것인지 아니면 신학적 덕목을 선물로 주는 교사와 관리자에게 굳고 단단한 마음을 유지할 것인지를 선택하는 것 또한 학생 개인에게 달려 있습니다. 탁월한 가톨릭 교육자는 믿음, 희망, 사랑이 학생들을 비관주의와 죄로부터 해방하여 하느님의 사랑받는 자녀로서의 참된 존엄성을 회복시켜 준다는 것을 알고 있습니다.

제 6 장

가톨릭 교육자의 소명:
교육과 행정에서의 마음 챙김

지금까지 살펴본 바와 같이, 가톨릭 교육자의 소명은 그들에게 직업적일 뿐만 아니라 개인적 도전 과제를 더 중요하게 보여 줍니다.

대부분의 경우 교육자는 직업적 도전인 전자에 익숙합니다. 이는 교육자들에게 놀라운 기술을 축적할 뿐 아니라 이를 능숙하게 활용할 필요가 있기 때문입니다(Kagan, 1992). "제일 처음 배운 것이 가장 잘 배운 것이다"라는 말은 진실이며, 많은 교육자가 무의식적으로 자신의 첫 번째 선생이었던 이들을 흉내를 내는 것이 사실일 수 있지만, 이들은 가르치는 걸 매우 열심히 배웠던 전문 교육자들이 아닙니다(Carter, 1990).

언뜻 보기에 직업적 전문성은 마치 평범한 사람에게는 놀라운 축제의 장이 될 만한 놀라운 성과를 일상적으로 도출하는 뛰어난 운동선수처럼 별 노력 없이 이뤄지는 듯 보입니다. 그러나 직업적 전문성은 결코 쉬운 일이 아닙니다. 전문성을 지속적으로 개선하고자 하는 사람은 진정한 전문가의 특징인 연습과 인내, 끈기를 가져야 합니다. 장차 교육자가 되려는 사람들에게 대학의 교사 훈련 프로그램은 이 전문적 기술에 대한 지식과 실습을 이상적으로 제공합니다.

그러나 예비 교사들이 처음으로 교실과 학교에 들어가기 전까지 어떤 훈련을 받았든, 교육자가 경력의 첫 5년 동안 기술을 연습하고 다듬을 때만 진정한 역량을 연마할 수 있다고 알려져 있습니다(Kagan, 1992). 시간이 지남에 따라 좋은 가르침에 필요한 것이 무엇인지 염두에 두고 이러한 연습을 전문적인 실천에 적용하려고 꾸준히 노력할 때 그들의 역량은 전문적 지식으로 발전할 것입니다.

내가 학교에 방문하여 존경받는 교육자들을 소개받으면 그들에게 "어떤 과목을 가르치시나요?"라고 묻습니다. 그러면 그들은 "수학을 가르칩니다"(또는 특정 주제나 학년) 또는 "교장입니다"(또는 현재 종사하는 교육 기관의 직제에서 어떤 행정적 역할)라고 흔히 답합니다. 그러면 나는 후속 질문으로 "무슨 일을 하세요?"라고 묻습니다. 그들은 잠시 내가 진심인지 아닌지 의아해하며 나를 똑바로 응시합니다. 혹은 어쩌면 그들은 내가 어떤 대답을 원하는지 궁금해하는 것일 수도 있습니다. 하지만 제가 그들의 눈을 똑바로 바라보면 이 존경받는 교육자들은 자신의 업무와 관련된 복잡 미묘한 부분을 오히려 자세하게 이야기하기 시작합니다.

예를 들어, 그들은 교실에서 일어나는 모든 일을 어떻게 주시하는지, 무언가 잘못되었을 때 어떻게 추론하는지, 교실에서 수업과 학습에 도움이 되는 분위기를 어떻게 유지하는지 이야기해 주었습니다. 장담하건대, 이런 교실에서 우연히 일어나는 일은 아무것도 없습니다.

이 존경받는 교육자들은 청소년에게 영향을 미치는 것으로 인식되는 새로운 문화적 영향에 대해서도 설명했습니다. 가정은 많은 이의 바람과 달리 청소년을 양육하는 필연적 장소가 아닙니다. 길거리는 홉 스카치, 더블 더치 줄넘기, 스틱볼 게임(hop-scotch, double-dutch jump rope, or stickball)[4] 같은 게임을 하는 장소이기보다 폭력적 행위에 더 적합한 장소로 보입니다. 텔레비전은 단순히 사람들의 주의를 산만하게 만드는 것이 아닙니다. 텔레비전은 사람들이 어떤 결과에도 책임지지 않고 가장 비열한 행동을 할 수 있는 삶의 방식 중 하나로 여겨줍니다. 그래서 젊은이들은 운명을 시험하고 그 대가를 치릅니다.

또한 교육자들이 동질적 특성을 가진 청소년들을 상대하면서 좋은 수업을 하는 것도 충분히 도전적인 일이라 들었습니다. 하지만 오늘날 이질적인 학생들을 가르칠 때는 새로운 기술들이 필요합니다. 교육자에게 부과되는 전문적 요구는 하나씩 누적되는 게 아니라 기하학적으로 확대된다고 말합니다. 이 모든 것은 청소년 교육을 훨씬 더 난해하고 복잡한 일로 만들었으며 아마도 그 어느 때보다도 어려운 상황이 되어 버렸습니다. 심지어 청소년을 교육하려면 경험이 많은 교육자들이 필요합니다.

이 도전적인 직업에 헌신하는 교육자들은 존경과 격려를 받을 자격이 있습니다. 매우 불리한 상황에서도 이 전문가들은 보통 사람에게는 사실상 불가능하다고 여겨지는 일을 청소년에게 제공합니다. 그러나 그 모든 과정에서 그들은 자신의 직업적 책임을 염두에 두고 있으며, Sergiovanni(1995)가 말한 것처럼 그들은 경영 기술, 대인 관계 기술, 교수법 기술을 통합하여 자기 역량의 특징으로 만듭니다. 직업적인 업무에 필요한 것이 무엇인지 염두에 둔다면 그들은 목표한 바를 달성할 수 있습니다.

어느 누가 이 교육자들이 하는 일에 감명을 받지 않

을까요? 학부모들은 자녀가 이러한 교실에 있기를 원합니다. 교장들은 교사들이 이 뛰어난 교육자들처럼 되기를 바랍니다. 동료들은 그들에게 경외심을 가집니다. 이 전문가들이 자신이 하는 일을 놀라울 정도로 쉽게(또는 아주 잘) 해내는 모습을 보면서, 그들의 전문적 실무 문제에 대한 해법을 정리한 레시피를 책으로 엮어 예비 교사들에게 제공하면 좋겠다는 생각이 듭니다. 하지만 불행히도 레시피를 따른다고 해서 요리사가 되는 게 아니라는 점을 알고 있습니다. 존경받는 교육자를 맹목적으로 모방한다고 해서 자신이 존경받는 교육자가 된다고 보장할 수는 없습니다. 여기에는 기본적인 역량, 직업적 책임에 대한 마음 챙김, 목적을 지닌 실천, 그리고 실천에 대한 성찰이 필요합니다.

존경받는 교육자들과의 대화에서 그들은 학생들의 교육적 요구를 충족시키기 위해 가끔 즉흥적으로 대처해야 할 때가 있다고 다소 쑥스럽게 말하기도 했습니다. 그래서 나는 "이들이 즉흥적으로 대처해야 할 때 어디에 의지해야 할까?'라고 궁금했습니다.

연구자들은 교육자들이 직면하는 많은 전문적 도전에 대해서는 잘 알고 있지만, 교육자들이 전문적 실천에서 직면하는 개인적인 도전에 대해서는 충분히 알지 못합니다. Sergiovanni(1995)는, 탁월성은 근본적인 역량을 바탕으로 구축된다는 제안을 통해 믿을만한 방향을 제시했습니다. 예를 들어, 우리는 교사와 관리자가 사회가 중요하게 여기는 것을 상징하는 존재로서 학생들 앞에 서 있다는 것을 알고 있습니다.

우리는 또한 교육자가 상징적인 역할을 할 때 문화적 가치가 매우 강력하게 전달되어 청소년이 자기 삶과 일, 세상을 바라보는 방식에 영향을 미치며 이를 형성한다는 것을 알고 있습니다. 요컨대, 이러한 전문가들은 학생들의 지적 자본뿐만 아니라 도덕적이고 사회적인 자본도 육성하고 개발합니다(Coleman, 1987a, 1987b, 1988). 그러나 교육자가 직면한 개인적 어려움과 직업적 도전을 이해하려면 더 많은 연구가 필요합니다.

그러나 솔직히 고백하자면, 존경받는 전문 교육자들이 교실과 학교에서 하는 일에 관해 이야기할 때 다소 불안한 마음이 들기도 합니다. 마치 어떤 사제가 자기가 주례한 미사, 세례식, 장례미사의 횟수를 설명할 때 불안감을 느끼는 것과 비슷하게, 교육자들이 자신이 한 일을 세세히 설명하는 것은 다소 공허하게 느껴집니다. 또는 이는 부모가 수년 동안 자녀에게 무엇을 주었는지로 어머니 또는 아버지 역할을 설명하는 경우와 같습니다. 요점은 이것입니다. 교육자가 하는 일은 그 자체로도 중요하지만(그리고 그 중요성을 결코 과소평가해서는 안 됩니다), 그보다 더 중요한 것은 훌륭하고 관대한 그들이 애초에 왜 그런 일을 하게 되었는지 그 동기를 전달하지 않는 한 의미가 없다는 것입니다.

가장 존경받는 교육자들 사이에서도 흔히 볼 수 있는 기능주의적 교육 방식에 대해, 이 책은 가톨릭 교육자의 소명에 초점을 맞추며 이를 암묵적으로 다루고 있습니다. 금세기 초, Weber(1930, 1992)는 사람들이 자신의 직업을 보는 방식이 단순히 직업을 다른 목적을 위한 수단으로 여길 때, 인간은 자신도 모르게 자신을 '철창 감옥'에 가두게 된다고 주장했습니다. 베버의 이 강력한 은유는 소명을 직업으로, 본질적인 목적을 기능적 역할로, 당연히 해야 할 바를 결정할 자유를 인간이 자본을 유지하고 증가시키기 위해 계산적이고 합리적인 계획으로 제한하는 위계적으로 정의된 규칙과 기대의 복잡함으로 요약한 것입니다.

교육자들이 철창 감옥에 갇히게 되면 청소년을 교육하는 그들의 마음과 영혼이 침식되고 결국에는 변질되어, 원래 청소년을 위해 자신의 삶을 바치도록 영감을 주었던 본질적 목적이 기능적 역할의 요구들에 자리를 내주게 됩니다. 교사와 관리자는 자신의 업무를 계약으로 정의하고, 이미 경험했듯이, 학생들과 그들이 진정 필요로 하는 바를 고민하는 과정에서 계약 조건이 갑자기 개입하여 의사 결정 과정을 방해함으로써 학생들에게 진심 어린 개별적인 돌봄을 표현할 수 없게 만듭니다.

학교 교육과 행정에 대한 기능적 관점은 현대인의 의식에 너무 깊이 스며들어 교육자들이 학교와 교실에서 무엇을 하는지가 업무의 핵심인 본질적 이유, 즉 '왜'보다 더 중요한 초점이 되었습니다. 많은 교육자가 이 슬픈 사실을 너무나 잘 알고 있습니다. 그들에게 학교는 일하는 곳일 뿐, 비오 12세(1955년)가 강조했던 것처럼, 학교와 교실은 학생과 동료 교육자들이 하느님 백성으로서의 정체성과 사명에 대해 친밀하게 대화하는 공간은 아닙니다.

교육자들의 모든 준비는 오로지 그들이 학생들에게 전달해야 할 지식과 기술에 초점을 두고 있지만, 그들이 가르치는 주제인 학생, 즉 가톨릭 교육자들의 가장 중요한 관심인 학생의 정신과 마음에 집중하지 않습니다. 청소년 교육에 대한 본질적 목적이 부재한 학교의 교장들은 형성적 교사 양성이나 학생들의 참된 필요의 충족보다는 일상적인 유지 관리와 학군, 주 정부, 연방 정부의 지시를 준수하는 방법에 대해 더 걱정하면서 조직 관련 문제에 몰두합니다.

안타깝게도 일부 교사들은 사고 없이 하루를 무사히 넘길 수 있기만을 바라고 있습니다.

아마도 일부 독자들은 내가 그린 이 풍자에 대해 불편함을 느끼고 반대하고 싶을 수 있습니다. 그들은 이 풍자가 자신이 알고 있는 교실과 학교를 대표하지 않으며, 극단적이거나 양자택일적 또는 방관적 세계관을 묘사한다고 생각할 수 있습니다. 그러나 나는 많은 독자들이 이 풍자에 대해 그렇게 생각하지 않을 것이라고 확신합니다.

이 풍자는 직업적 역할에 대한 기대치를 충족하기 위해 자신이 하는 일에만 집중하는 교사와 관리자의 모습을 어느 정도 정확하게 묘사합니다. 따라서 이 풍자는 교사와 관리자들이 자신에게 주어진 학생의 인격적 요구를 무시함으로써 결국 청소년들의 진정한 관심보다 계산적인 관심을 앞세우는 비정한 직업정신으로 나타날 수 있음을 상기시키는 역할을 합니다. 반면, 교육자가 자신이 하는 일을 왜 하는지에 대한 마음 챙김은 교실과 학교를 무의식적으로 수업 공장과 노동력 착취 현장으로 만드는, 인격주의가 결여된 직업의식에 대한 해독제가 될 수 있습니다.

성경과 교회 전승에 대한 고찰은 이 우울하고 비관적인 풍자에 대한 대안을 제시합니다. 가톨릭 교육자들은 자신이 무엇을 하는지 질문을 받았을 때, 그들은 자신이 하는 일을 하는 이유에 깊이 감사하는 마음을 담아 대답할 수 있어야 합니다. 예를 들어, 교육자들은 가르치는 교과목뿐만 아니라 더 중요하게 그들이 진정으로 가르치고 돌보는 '주제'는 학생 개인이라고 대답해야 합니다.

또한 교육자들은 자신의 중요한 역할을 성취하면서도, 자신들이 진실로 '관리하는'(즉, 사목하는) 이들이 하느님의 모습과 유사성을 지니고 창조되었으나 여전히 하느님 나라의 제자가 될 수 있도록 진정한 양성이 필요한 남자와 여자 그리고 어린 소년 소녀들이라는 점을 염두에 두어야 합니다. 이 교육자들은 자신의 직무에 대해 올바르게 말하면서도 그리스도인 제자 됨의 관점에서 설명해야 합니다. 그들은 그리스도교 역사 안에서 자신보다 앞선 용기 있는 사람들 특히 멘토 역할을 하는 이전 세대의 가톨릭 교육자들의 삶과 성경 본문, 교회 전승에서 영감을 얻은 목적과 사명감을 전달합니다.

교육자들이 하는 일에 초점을 맞추는 것과 자신이 하는 일을 왜 하는지를 염두에 두는 교육자들 사이의 차이점을 제시하는 것은 가톨릭 교육자로서 사목하기 위해 하느님의 초대에 아낌없이 응답한 이들을 깎아내리거나 비하하려는 의도가 아닙니다. 오히려 이 성찰은 소명이 개인에게 요구하는 사항을 더욱 완벽하게 이행하도록 영감을 주기 위해 가톨릭 교육자들이 자신이 하는 일을 왜 하는가에 관해 더욱 깊이 생각하도록 자극하는 것을 목적으로 합니다.

가톨릭 교육자들이 자신이 하는 일을 어떻게 생각하는지에 다시 집중할 때, 즉 그들이 교실과 학교에서 하는 일의 중심에 있는 본질적 목적에 더 집중할 때, 개인적인 책임을 이행하는데 제약을 주는 이데올로기적 철창 감옥이 깨질 수 있습니다. 성경과 전승으로 보존되어 온 가톨릭 교육의 사상적 유산을 알고 이해함으로써 가톨릭 교육자들은 그들을 속박하는 관료적 규칙에 얽매여 청소년을 진심으로 돌보고 그의 진정한 필요를 충족시키는 것을 불가능하게 하는 비정한 직업의식을 넘어설 수 있습니다.

기능주의적 이데올로기의 구조적 속박에서 벗어난 가

톨릭 교육자들은 "전인 교육과 예수 그리스도 안에서 구원의 기쁜 소식을 다음 세대의 젊은이들에게 전하는 교회 사명의 완전한 동반자로서"(요한 바오로 2세, 1987, 280항) 교실과 학교를 이끌 수 있습니다.

가톨릭 교육자들에게, 모든 교육적 의사 결정의 주요 기준이 되는 것은 바로 각 세대의 가톨릭 신자들이 살아온 유다 그리스도교 문화의 유산입니다. 가톨릭 교육자들이 무엇을 해야 할지 결정하면서 이러한 유산을 염두에 둘 때 청소년 교육에 참여하는 본질적인 신학적 목적, 곧 예수님 제자로서의 삶을 위한 진정한 양성을 제공한다는 목적을 의도적으로 모든 일에 반영할 수 있습니다.

우리가 가톨릭 교육자로서 교육적 탁월성이 무엇인지 이해할 수 있는 것은 바로 청소년 교육의 모든 가시적인 측면이 이러한 본질적인 차원을 반영할 때입니다. 요한 바오로 2세는 1987년 미국을 사목 방문했을 때 가톨릭 교육자들에게 "가톨릭 교육자에게 교회가 단지 고용주로 보여서는 안 됩니다. 교회는 역사를 통해 구세주의 사명을 이어가는 그리스도의 몸입니다. 하느님의 은총으로 부름을 받고 함께 참여하는 그 사명에 함께하는 것은 가톨릭 교육자가 누리는 특권입니다"(1987, p.280)라고 하였습니다.

그러므로 가톨릭 교육자들의 소명은 단지 전문성에 관한 부르심만이 아닙니다. 이는 또한 가톨릭 교사와 관리자들이 자기 삶의 모범을 통해 교회의 유산을 선포하도록 도전하는 인격주의에 관한 부르심입니다. 그들의 말과 행동은 자녀를 맡긴 부모의 이름으로 그들을 대신하여 믿음, 희망, 사랑이라는 신학적 덕목을 표현합니다.

궁극적으로 가톨릭 교육자의 소명인 '왜'가 말과 행동

인 '무엇을'을 통해 선포될 때, 학생들은 부활하신 주님께서 그들 가운데서 가르치신다는 사실을 더욱 깊이 인식하게 됩니다. 어떤 학생들은 자신을 가르치는 분이 누구인지 깨닫지 못할 수도 있습니다. 많은 학생이 교사와 관리자가 전하는 주님의 메시지를 믿지 않을 것이며, 어떤 학생들은 그분의 메시지를 대놓고 거부할 것입니다. 그러나 학생들에게 "너희는 온 세상에 가서 모든 피조물에게 복음을 선포하여라"(마르 16,15) 하고 부르시는 부활하신 주님을 만날 기회를 제공하는 이들이 바로 이러한 탁월한 교사와 관리자들입니다. 이러한 본질적 목적을 교육적 및 행정적 실천으로 번역할 때, 이 목적은 학교에서 이루어지는 일들을 함께 접합시키고 완전하게 하는 '접착제'(glue) 역할을 합니다.

교육적 의사 결정에서 이러한 본질적 목적이 빠지게 되면, 지침[5]과 계약상 의무에 따라 직업적으로 업무를 처리하는 사람들에 의해 '교사를 배제한 교육과정'(teacher-proofed)이 별 의식 없이 제정되면서 불길한 철창 감옥이 교사와 관리자 위로 내려오게 됩니다. 당신 백성과 맺은 하느님의 계약은 그들의 교육적 의사 결정에서 완전히 무시되지는 않더라도 무관한 것으로 판단됩니다.

그러면 잘못된 것이 옳은 것으로 여겨지고, 교사와 교장에게서 영웅적인 역할 모델을 찾지 못한 다음 세대는 도덕적 나침반을 잃게 됩니다. 교회의 전승에 관한 고찰에서 알 수 있듯이, 이 시나리오는 비관적이라기보다는 19세기 후반 교육 현장의 지배적 윤리를 정확하게 반영하고 있습니다. 교황 비오 9세(1864, 1979)가 예언자적으로 비난한 것도 바로 이 시나리오였습니다.

진정한 가치가 있고 두려움뿐인 현실에도 희망이 있

으며, 모든 것을 원하는 문화에 맞서 굳건히 대항하는 것이 미덕이라는 것을 청소년들이 알 수 있도록 도와주기 위해 자신을 기꺼이 희생하는 영웅적인 교육자가 없다면. 미래가 암울하리라고 확신합니다.

하지만 모든 것을 잃은 것은 아닙니다. 비관주의와 절망이 지배하지 않습니다. 부활하신 주님께서 죽음의 사슬을 끊어 버리셨습니다. 가톨릭 교육자의 소명은 부모, 교회, 사회에 큰 희망을 줍니다.

이전 세대들에게 하셨던 것처럼 오늘날에도 하느님께서는 사람들에게 진정한 삶이 무엇인지에 대한 비전을 제시하며 은총을 베푸십니다. 하느님의 초대에 아낌없이 응답하는 가톨릭 교육자들은 청소년들이 길과 진리와 생명을 가르치시는 부활하신 주님을 만날 수 있게 합니다(요한 14,6).

우리의 신앙 유산은 복음, 즉 자신의 소명을 항상 염두에 두고 이를 자기가 하는 모든 일을 통해 표현하려고 노력하는 참으로 탁월한 가톨릭 교육자들을 통해 가르치고 관리하시는 분이 바로 부활하신 주님 자신이시라는 복음을 힘차게 선포합니다.

주

1 〔옮긴이 주〕 뉘른베르크 재판: 제2차 세계대전 직후 1945~48년까지 나치 독일 전범들의 전쟁범죄 처벌을 위해 독일 뉘른베르크에서 거행된 재판임.

2 〔옮긴이 주〕 1코린 3,10~11: "나는 하느님께서 베푸신 은총에 따라 지혜로운 건축가로서 기초를 놓았고, 다른 사람은 집을 짓고 있습니다. 그러나 어떻게 집을 지을지 저마다 잘 살펴야 합니다."

3 〔옮긴이 주〕 로마 6,14 "여러분은 율법 아래 있지 않고 은총 아래 있습니다."

4 〔옮긴이 주〕 (1) 홉스카치(Hopscotch): 플레이어가 하나의 다리로 뛰어다니며 땅에 그려진 박스의 순서대로 진행하는 놀이. (2) 더블더치 줄넘기(Double Dutch Jump Rope): 두 개의 긴 줄을 서로 반대 방향으로 돌리는 동안 한 명 이상의 플레이어가 그사이를 뛰어넘는 놀이. (3) 스틱볼(Stickball): 야구와 유사한 도시 놀이로, 플레이어는 브룸 또는 다른 스틱을 사용하여 고무 공을 치는 놀이. 출처: GPT4 검색(2023.7.25.18:30).

5 〔옮긴이 주〕 원문에서는 요리책을 뜻하는 cookbook으로 쓰임.

/참/고/문/헌/

【A】

- Ackerman, R.H. / Donaldson, G.A. / van der Bogert, R. (1996). *Making sense as a school leader: Persisting questions, creative opportunities.* San Francisco, CA: Jossey-Bass.

【B】

- Beck, L.G. / Murphy, J. (1992). "Searching for a robust understanding of the principalship." *Educational Administration Quarterly,* 28(3), pp.387~396.
- Bryce, M.C. (1978). "Four decades of Roman Catholic innovators." *Religious Education,* 73, S36~S57.
- Bryk, A.S. / Lee, V.E. / Holand, P.B. (1993). *Catholic schools and the common good.* Cambridge, MA: Harvard University Press.
- Burlingame, M. / Sergiovanni, T. (1993). "Some questions about school leadership and communication theory." *Journal of Management Systems,* 5(2), pp.51~61.

【C】

- Callahan, R.E. (1962). *Education and the cult of efficiency: A study of the social forces that have shaped the administration of the public schools.* Chicago: The University of Chicago Press.

• Coleman, J.S. (1987a). "Families and schools." *Educational Researcher,* 6, pp.32~38.
• Coleman, J.S. (1987b). "Social capital and the development of youth." *Momentum,* 18(19), pp.6~8.
• Coleman, J.S. (1991). *Parental involvement in education.* Washington, DC: U.S. Department of Education.
• Coleman, J. / Hofer, T. / Kilgore, S. (1982). *High school achievement: Public, Catholic and private schools compared.* New York: Basic Books.
• Coleman, J. / Hofer, T. (1987). *Public and private high schools: The impact of communities.* New York: Basic Books.
• Convey, J. (1992). *Catholic schools make a difference: Twenty-five years of research.* Washington, DC: National Catholic Educational Association.

【D】
• Dewey, J. (1916, 1944). *Democracy and education: An introduction to the philosophy of education.* New York: Free Press.
• Dules, A. (1988). *The reshaping of Catholicism: Current challenges in the theology of church.* New York: Harper & Row.

【F】
• Foster, W.P. (1980a). "The changing administrator: Developing managerial praxis." *Eductional Theory,* 30(1), pp.1~23.
• Foster, W.P. (1980b). "Administration and the crisis in legitimacy: A review of Habermasian thought." *Harvard Educational Review,* 50(4), pp.496~505.
• Frase, L. / Hetzel, R. (1990). *School management by wandering around.* Lancaster, PA: Technomic Publishing Company, Inc.

【G】

- Getzels, J.W. / Guba, E.G. (1957). "Social behavior and the administrative process." *The School Review,* 29, pp.30~40.
- Griffiths, D.E. (1988). "Administrative theory." In N. Boyan (Ed.), *Handbook of research on educational administration* (pp.27~51). New York: Longman.

【H】

- Herzberg, F. (1966). *Work and the nature of man.* New York: World Publishing.
- Hirsch, E.J. (1987). *Cultural literacy: What every America needs to know.* Boston: Houghton Mifflin Company.

【J】

- Jacobs, R.M. (1995). *The grammar of Catholic schooling: Implications for Catholic educational leaders.* Washington, DC: United States Catholic Conference.
- John Paul II. (1987). "Address to teachers." *Origins,* 17(17), pp.279~281.
- John Paul II. (1995). *The gospel of life: Evangelium vitae.* Boston, MA: Pauline Books and Media.

【K】

- Kagan, D.M. (1992). "Professional growth among preservice and beginning teachers." *Review of Educational Research,* 62(2), pp.129~169.

【L】

- Lanie, V.P. / Diethorn, B.C. (1968, Spring). "For the honor and glory of God: The Philadelphia bible riots of 1840." *History of Education Quarterly,* 8, pp.4~106.
- Leo XIII. (1887, 1979). "Common duties and interests." In The Benedictine Monks of Solesemes, *Education: Papal teachings* (A. Robeschini, Trans., pp.104~108). Boston: St. Paul Editions.

• Leo XIII. (1888, 1979). "Freedom of education." In The Benedictine Monks of Solesemes, *Education: Papal teachings* (A. Robeschini, Trans., pp.10~15). Boston: St. Paul Editions.
• Leo XIII. (1897, 1979). "Education at the service of faith." In The Benedictine Monks of Solesemes, *Education: Papal teachings* (A. Robeschini, Trans., pp.129~35). Boston: St. Paul Editions.

【M】
• Maritain, J. (1943). *Education at the crossroads.* New Haven, CN: Yale University Press.
• Mazlow, A. (1943). "A theory of human motivation." *Psychological Review,* 50(2), pp.370~396.
• McCaden, J.J. (1964-1965). "Bishop Hughes versus the Public School Society of New York." *Catholic Historical Review,* 50, pp.188~207.
• Medved, M. (1996). *Saving childhood: How to protect your children.* New York: Harper-Collins.
• Meyers, B. (1941). *The education of sisters: A plan for integrating the religious, social, cultural and professional training of teachers.* New York: Sheed and Ward.
• Murphy, J. (1992). *The landscape of leadership preparation: Reframing the education of school administrators.* Newbury Park, CA: Corwin Press, Inc.
• Murphy, J. (1993). "Alternative designs, new directions." In J. Murphy (Ed.), *Preparing tomorrow's school leaders: Alternative designs.* University Park, PA: UCEA.
• Murphy, J.F. (1973, Spring). "The contribution of the human sciences to the pedagogy of Thomas E. Shields." *The Living Light,* 10, pp.79~87.
• Murphy, J.F. (1974, Winter). "Thomas Edward Shields: Progressive religious educator." *Notre Dame Journal of Education,* 5(4), pp.358~368.

【N】

- National Conference of Catholic Bishops. (1972, 1984). "To teach as Jesus did, a pastoral message on Catholic education." In H.J. Nolan(Ed.), *Pastoral letters of the United States Catholic Bishops* (Vol. 3, pp.306~340). Washington, DC: National Catholic Conference of Bishops / United States Catholic Conference.
- Newman, J.H. (1927, 1987). *The idea of a university defined and illustrated.* Chicago: Loyola University Press.

【P】

- Pelikan, J. (1985). *The rabbi. In Jesus through the centuries* (pp.9~20). New Haven, CN: Yale University Press.
- Pius IX. (1864, 1979). "Secularism in education." In The Benedictine Monks of Solesemes, *Education: Papal teachings* (A. Robeschini, Trans., pp.49~53). Boston: St. Paul Editions.
- Pius IX. (1875, 1979). "Atendance at non-Catholic schools." In The Benedictine Monks of Solesemes, *Education: Papal teachings* (A. Robeschini, Trans., pp.66~70). Boston: St. Paul Editions.
- Pius X. (1905, 1946). *On the teaching of Christian doctrine.* Boston: Daughters of St. Paul.
- Pius XI. (1929). *The Christian education of youth.* Boston: Daughters of St. Paul.
- Pius XII. (1945, 1979). "The vocation of the teacher." In The Benedictine Monks of Solesemes, *Education: Papal teachings* (A. Robeschini, Trans., pp.336~345). Boston: St. Paul Editions.
- Pius XII. (1954a, 1979). The condition of the Christian teacher. In The Benedictine Monks of Solesemes, *Education: Papal teachings* (A. Robeschini, Trans., pp.476~481). Boston: St. Paul Editions.
- Pius XII. (1954b, 1979). "Good teachers." In The Benedictine Monks of Solesemes, *Education: Papal teachings* (A.

Robeschini, Trans., pp.482~485). Boston: St. Paul Editions.

- Pius XII. (1955, 1979). "Redemption and education." In The Benedictine Monks of Solesemes, *Education: Papal teachings* (A. Robeschini, Trans., pp.500~503). Boston: St. Paul Editions.
- Pius XII. (1958, 1979). "The Catholic school in the face of the realities of the modern world." In The Benedictine Monks of Solesemes, *Education: Papal teachings* (A. Robeschini, Trans., pp.573~578). Boston: St. Paul Editions.
- Prestine, N.A. / Thurston, P.W. (Eds.). (1994). "New directions in educational administration: Policy, preparation, and practice." *Advances in educational administration* (Volume 3). Grenwich, CN: JAI Press Inc.

【R】

- Ryan, F.J. (1991, Spring). "Monsignor John Bonner and progressive education in the Archdiocese of Philadelphia, 1925-1945." *Records of the American Catholic Historical Society of Philadelphia,* 102(1-2), pp.17~43.

【S】

- Sacred Congregation for Catholic Education. (1977, 1982). "Catholic schools." In A. Flannery (Ed.), *Vatican Council II the conciliar and post-conciliar documents* (Vol. 2, rev. ed., pp.602~29). Northport, NY: Costelo Publishing Co.
- Sacred Congregation for Catholic Education. (1982). "Lay Catholics in schools: Witnesses to the faith." In A. Flannery (Ed.), *Vatican Council II the conciliar and post-conciliar documents* (Vol.2, rev. ed., pp.630~661). Northport, NY: Costello Publishing Co.
- Senge, P.M. (1990). *The fifth discipline: The art & practice of the learning organization.* New York: Doubleday.
- Sergiovanni, T.J. (1994). *Building community in schools.* San Francisco: Jossey-Bass.
- Sergiovanni, T.J. (1995). *The principalship: A reflective-practice*

perspective (3rd ed.). Needham Heights, MA: Allyn and Bacon.
- Shields, T.E. (1907). *The education of our girls.* New York: Benzinger Brothers.
- Shields, T.E. (1919). "The need of the Catholic Sisters College and the scope of its work." *The Catholic Educational Review,* XVII(6), p.420.
- Silberman, C. (1970). *Crisis in the classroom.* New York: Random House.
- Smylie, M.A. "Teacher participation in school decision making: Assesing wilingness to participate." *Educational Evaluation and Policy Analysis,* 14(1), pp.53~67.
- Starratt, R.J. (1994). *Building an ethical school: A practical response to the moral crisis in schools.* Bristol, PA: The Falmer Press.

【T】
- Tyack, D. / Hansot. E. (1982). *Managers of virtue: Public school leadership in America, 1820-1980.* New York: Basic Books.

【U】
- United States Catholic Conference. (1993, 1994). *Formation and development for Catholic school leaders* (Maria J. Ciriello, OP, Ed.). Washington, DC: United States Catholic Conference.

【V】
- Vaill, P.B. (1986). "The purposing of high-performing systems." In T.J. Sergiovanni / J.E. Corbally (Eds.), *Leadership and organizational culture* (pp.89~104). Urbana, IL: University of Illinois Press.
- Vatican Council II. (1965a, 1988). "Declaration on Christian education." In A. Flannery (Ed.), *Vatican Council II the conciliar and post-conciliar documents* (Vol. 1, rev. ed., pp.725~737). Northport, NY: Costello Publishing Co.

- Vatican Council II. (1965b, 1988). "Decree on the apostolate of lay people." In A. Flannery (Ed.), *Vatican Council II the conciliar and post-conciliar documents* (Vol. 1, rev. ed., pp.766~798). Northport, NY: Costelo Publishing Co.
- Vatican Council II. (1965c, 1988). "Pastoral constitution on the Church in the modern world." In A. Flannery (Ed.), *Vatican Council II the conciliar and post-conciliar documents* (Vol. 1, rev. ed., pp.903~1014). Northport, NY: Costello Publishing Co.

【W】

- Weick, K.E. (1984). "Small wins: Redefining the scale of social problems." *American Psychologist,* 39(1), pp.40~49.
- Willms, J.D. (1984). "School efectiveness within the public and private sectors: An evaluation." *Evaluation Review,* 8, pp.113~135.
- Willms, J.D. (1985). "Catholic-school effects on academic achievement: New evidence from the High School and Beyond Follow-Up Study." *Sociology of Education,* 58, pp.98~14.
- Willms, J.D. (1987). "Patterns of academic achievement in public and private schools: Implications for public policy and future research." In E.H. Haertel / T. James / H.M. Levin (Eds.), *Comparing public & private schools* (Vol. 2: School achievement). New York: Falmer Press.
- Ward, J. (1947). *Thomas Edward Shields: Biologist, psychologist, educator.* New York: Scribner's Sons.
- Wohlwent, M.V. (1968). *The educational principles of Dr. Thomas E. Shields and their impact on his teacher training program at the Catholic University of America.* Unpublished doctoral dissertation, Catholic University of America.